JN011456

【2024年版】

クルーズポート読本

一般財団法人 みなと総合研究財団 クルーズ総合研究所 編著

成山堂書店

（とびら写真提供：横浜港振興協会）

口絵１　クルーズ船寄港港での歓迎（函館港）

口絵２　クルーズ船入出港時の見送りと歓迎（上：佐世保港、下：八代港）

（写真提供　上：佐世保市港湾部、下：八代市観光・クルーズ振興課）

口絵３　クルーズ船寄港でにぎわう横浜港新港ふ頭（上）と下関港での歓迎（下）

口絵４　横浜港大黒ふ頭に停泊するクルーズ船と新港ふ頭に向かうクルーズ船

口絵５　クルーズ旅客を待つシャトルバス

口絵６　クルーズ旅客のための寄港地での出店（上：八代港、下：横浜港新港ふ頭）

（写真提供　上：八代市観光・クルーズ振興課）

口絵７　花火クルーズで日南の油津港に停泊する「飛鳥Ⅱ」　（写真提供：郵船クルーズ）

口絵８　八幡坂からみる函館港に停泊する「にっぽん丸」

はじめに

新型コロナウイルス（COVID-19）の感染拡大により、見合わせていたクルーズ船の運航は、日本籍船による国内クルーズが2020年10月、国際クルーズは2022年12月、外国籍のクルーズ船の寄港は2023年3月に再開されました。外国籍のクルーズ船は、2023年には1,200回程度の寄港が見込まれ、ピーク時（2017年の2,018回）の6割程度ですが、中国発着の国際クルーズが本格的に再開されていない現状を考えると、堅調に推移していると思います。

政府は、2023年3月、2025年の目標として訪日クルーズ旅客数250万人、外国籍のクルーズ船の寄港回数2,000回、外国籍のクルーズ船が寄港する港の数を100港としました。こうした目標を達成するためには、これまで培った経験や外国船社へのポートセールスをさらに実効性のあるものとする取り組みが必要になります。

一般財団法人みなと総合研究財団（略称「みなと総研」）クルーズ総合研究所では、こうした取り組みを支援するための調査研究や各港湾管理者をサポートする事業を行っています。そのひとつとして、5年前に刊行した「クルーズポート読本」の内容を改訂・更新し、クルーズ関係者の皆様の一助となるように「クルーズポート読本【2024年版】」を出版することといたしました。

本書は、港湾管理者のクルーズ担当やクルーズ船誘致を行う地方公共団体の職員を主な対象として、みなと総研が毎年秋に実施している「クルーズポート・セミナー」の教本の役割と、クルーズ船に関する業務に従事される方やクルーズ船に関して興味を持たれている方などの参考としていただく書籍と位置付けています。

クルーズ船の歴史からクルーズ船の誘致、寄港に関係する業務を網羅的に掲載しており、クルーズ関係業務に携わる方の基礎知識の習得に役立てていただけるものと思います。

今後、中国発着のクルーズ船の寄港が本格化してコロナ禍前の水準に戻り、クルーズ産業のさらなる飛躍を目指していけるよう、当財団も取り組みを積極的に展開してまいります。

また、みなと総研では、『「みなと」のインフラ学』、『「空のみなと」のインフラ学』も出版しており、今回発行の「クルーズポート読本【2024年版】」とあわせて、「みなと」の3部作としています。皆様にご活用いただければ幸甚に存じます。

最後になりますが、本書の作成にあたり、ご指導、ご協力をいただきました関係者の皆様に、感謝を申し上げますとともに、今後ますますのご活躍を祈念しております。

2023年10月

一般財団法人　みなと総合研究財団

理事長　津田　修一

目　次

第1章 クルーズとクルーズ船

① クルーズの概要

1-1 クルーズの概要

「クルーズ」(cruise) の語源には諸説ありますが、十字架を意味するラテン語の「crux」(クルクス) から来ているという説が有力です。英語の「cross」(十字架) も、同じくラテン語の「crux」に由来するようです。「cross」には「横切る」という意味もありますので、「cruise」の「大海を横切る」という意味に通じています。

海賊船が隆盛を極めた16～17世紀には、「海賊が獲物を求めて海をジグザグに動き回る」という意味で使われるようになり、「cruise」という言葉が定着したといわれています。19世紀以降、それまでの「ヒト」と「モノ」の輸送手段であった船での旅が、「楽しそうなところを探してジグザグに動く、レジャーとしての船旅」へと変わり、現在に至っています。

本章では、クルーズとクルーズ船の概要について述べていきます。

(1) クルーズ旅行の定義

クルーズ旅行は、「船に乗ること自体を主目的のひとつとする、船での宿泊を伴うレジャー旅行」と定義されています。すなわち、航空機や鉄道のような単なる移動手段・輸送手段ではなく、船内での滞在や船内生活、いわゆるクルーズライフを楽しむことが大き

図1-1 クルーズライフを楽しむ (提供：郵船クルーズ)

図 1-2　大洋を航海する「飛鳥Ⅱ」　(提供：郵船クルーズ)

な目的になっている旅行ということができます。

(2)　旅の究極の形「クルーズ」

クルーズは、旅を構成するさまざまな要素がひとつの船の中に詰まっています。船は海上を「移動」するので「輸送機関」であり、船内で「宿泊」もできるので「宿泊機関」でもあります。また、さまざまな食を楽しむ「食事施設」を持ち、お茶やお酒を楽しむ「カフェ・バー・ラウンジ」もあります。さらには、映画館、ショー劇場、カジノなどのエンターテインメントも充実しており、多くの船がプールやフィットネスセンター、美容室やサロン＆スパ、ショップを備えています。それだけではなく、どの船にも診療室が備えられており、医師・看護師が乗船勤務しています。

このように、旅を構成するさまざまな要素がひとつの船の中に詰まっているため、クルーズは「旅の究極の形」ということができるのです。

(3)　クルーズ旅行の代金

クルーズ旅行の代金には、船の乗船費用、移動費用、宿泊費用、食事費用、アクティビ

図 1-3　クルーズ船の旅を構成するさまざまな「要素」　（提供：郵船クルーズ）

ティ費用などの基本的なサービスがほぼ含まれています。ただし、ほとんどのクルーズ船は、アルコール飲料、寄港地でのオプショナルツアーなどは別料金になっています。

また、海外では一般的な「チップ」ですが、日本船は「ノーチップ制」のためチップ不要です。そのほか、日本船では船舶が港に出入りして施設を利用する際にかかる「入港料」などの諸費用「ポートチャージ」(港費) もクルーズ代金に含まれていますが、外国船の場合は、チップや港費などは別料金になることが多くなっています。

外国船の中には、アルコール飲料 (指定銘柄)、チップ、港費もクルーズ代金に含むという船もあり、「オールインクルーシブ・プラン」と呼ばれたりします。日本船でも外国船でも、乗船申し込み時にパンフレットなどで確認することが大切です。

クルーズ・コラム① クルーズライフ 終日航海日の過ごし方【ある日の1日】

・朝食 (和定食) ～午前 (寄港地にまつわる講演、その後スポーツデッキでのイベントに参加)
・昼食 (洋食ブッフェ) ～午後 (お昼寝、シアターで映画鑑賞、その後手芸教室に参加、ジムで軽く体操、図書室で読書、カフェでお茶、ショッピングなど)
・ディナーとショー観劇、カジノやダンス、バーでお酒を楽しんだ後、夜食～入浴・就寝。

どのクルーズ船も「船内新聞」を発行しており、さまざまな船内プログラムを案内しています。どのイベント、アクティビティに参加するかは自由です。クルーズには、「何でもできる贅沢、何もしない贅沢」という言葉があり、乗船客は思い思いにクルーズライフを楽しむことができるのです。

クルーズ船によっては、船内アプリや船内各所に設置されているディスプレイで船内プログラムを案内している船もあります。

船内のライブラリー (図書室) とカジノ (提供：郵船クルーズ)

1-2 国内クルーズと国際クルーズ

(1) 国内クルーズ（Domestic cruise）

自国内のみで運航されるクルーズを「国内クルーズ」（内航クルーズ）といいます。日本国内のみをクルーズできるのは日本籍船に限られています。外国籍船は、日本国内のみのクルーズは実施できず、必ず日本以外の海外港に寄港しなければならないことになっています。

2023 年 10 月現在、わが国で国内クルーズを実施しているクルーズ船は「にっぽん丸」と「飛鳥Ⅱ」の 2 船があげられます。「にっぽん丸」と「飛鳥Ⅱ」は、国内クルーズだけではなく、国際クルーズにも就航するため、「国際クルーズ船」と呼ばれます。この項でいう「国内クルーズ」は、「国際クルーズ船による日本国内のクルーズ」を指します。

(2) 国際クルーズ（International cruise）

自国以外の外国の港に寄港するクルーズを「国際クルーズ」(外航クルーズ) といいます。自国内クルーズのみを実施する船以外の船は「国際クルーズ船」といい、世界のクルーズ船の多くは、国際クルーズ船です。

(3) 船舶の資格変更（内変・外変）

日本国内のみを運航する「国内クルーズ」を行うクルーズ船を「沿海通航船」といいます。また、日本と外国との間を往来する「国際クルーズ」を行うクルーズ船は「外国往来船」といい、法令（関税法）上で区別されています。

① 外航資格から内航資格への変更（内変）

船舶の資格を外航資格から内航資格に変更することを「内変」といいます。クルーズでは、「外国往来船」から「沿海通航船」への資格変更のことをいいます。日本のクルーズ船「にっぽん丸」や「飛鳥Ⅱ」は、資格変更を繰り返しながら運航しています。

② 内航資格から外航資格への変更（外変）

「内変」とは反対に、船舶の資格を内航資格から外航資格に変更することを「外変」といいます。クルーズでは、「沿海通航船」から「外国往来船」への資格変更のことをいいます。日本のクルーズ船は資格変更を繰り返しながら運航していますが、外国のクルーズ船は、日本発着クルーズの場合でも資格変更をせず「外国往来船」として運航するのが一般的です。

③ 海運カボタージュ

外国籍船は、日本の国内のみをクルーズすることが規制されています。「自国籍船以外の船が自国国内のみの輸送をしてはいけない」というもので「海運カボタージュ」といいます。

このため、日本発着クルーズを実施する外国籍のクルーズ船は、必ず日本国外の港に寄港することになります。例えば、「日本一周と釜山クルーズ」のように、日本国外の港である釜山（韓国）に寄港することになります。

海運カボタージュは、自国船の権益を保護するための規制で世界の多くの国で採用されています。カボタージュは元来、船による輸送に適用されるものですが、航空輸送にも適用されています。例えば、米国の航空会社ユナイテッド航空は、羽田空港～関西国際空港などの日本国内区間のみを輸送することは認められていません。これは、日本の航空会社の国内便の権益を保護するためです。

図1-4　わが国のクルーズ船「飛鳥Ⅱ」（上）と「にっぽん丸」（下）

（提供：上　郵船クルーズ、下　商船三井クルーズ）

1-3 クルーズのタイプ

(1)　移動型クルーズと周遊型クルーズ

「横浜港」発、「博多港」着のように、出発港と終了港が異なるのが「移動型クルーズ」です。移動型クルーズは、クルーズライフを楽しみながら、目的地へ「移動」もできるというメリットがあります。特に、旅行会社にとっては、下船後にツアーを組み込んだ「パッケージツアー」が造成しやすく、クルーズに付加価値を付けるメリットがあります。例えば、横浜発～博多着のクルーズで２泊３日を船上で過ごし、博多で下船後に福岡市内や太宰府などを観光する「クルーズと九州周遊ツアー」などのツアーがあります。

出発港と終了港が同じで、ひとつあるいは複数の港に寄港するのが「周遊型クルーズ」です。なかには、どの港にも寄港しない無寄港の周遊型クルーズもあり、終日クルーズライフを満喫したい人に人気です。

図 1-5　さまざまなタイプのクルーズ旅行のパンフレット

(2)　フライ＆クルーズとレイル＆クルーズ

往路か復路の片道、もしくは往復に航空機を利用してクルーズをするのが「フライ＆クルーズ」です。クルーズが隆盛するきっかけになったのが、カリブ海の「フライ＆クルーズ」といわれています。ニューヨークやシカゴなどの大都市から航空機でマイアミまで飛び、マイアミからカリブ海クルーズを楽しみ、再びマイアミからそれぞれの都市に航空機で戻る、というものです。

往路か復路の片道、もしくは往復に列車を利用してクルーズをするのが「レイル＆クルーズ」です。例えば、横浜～神戸をクルーズし、神戸で下船後に神戸・奈良・京都を観光し、京都から新幹線で東京・横浜に帰る、など列車を利用したツアーがあります。

(3) クルーズの期間 ―ショートクルーズ・ロングクルーズ・ミドルクルーズ

1泊～1週間程度の比較的短い期間のクルーズが「ショートクルーズ」、1か月～100日など、長い期間のクルーズが「ロングクルーズ」、また、ショートクルーズとロングクルーズの中間に位置し、1～3週間程度のクルーズが「ミドルクルーズ」です。(いずれもクルーズ船運航会社によってクルーズの期間の定義は異なる)

日本船も100日を超えるロングクルーズ（世界一周クルーズ）を実施しますが、まずは全区間を乗船する「フルクルーズ」で販売されます。フルクルーズに空きが出た場合に、「区間クルーズ」として販売され、区間クルーズを利用したパッケージツアーが組まれたりします。

これに対して、外国船の世界一周クルーズの場合、最初から区間クルーズとして販売されることが多くなっています。区間クルーズを全部乗り継いだ結果として世界一周クルーズになる、という乗船客もいるようです。

クルーズの期間によって、旅行の取消料（キャンセルチャージ）のかかる時期が異なりますので、注意が必要です。とくに、クルーズが長期になるほど取消料のかかり始めが早くなるのが一般的です。

(4) 日本船によるクルーズの特徴

日本船の乗船客はほとんどが日本人であり、日本人向けのサービスが提供されています。海外では一般的であるチップを不要とする「ノーチップ制」で、港費（ポートチャージ）もクルーズ代金に含まれています。また、船内には「カジノ」もありますが、公海上を航行していても日本の法律が適用になるため、カジノではお金を賭けることはできません。日本船のカジノは、ゲームを楽しむだけになります。

日本船は、ショートクルーズからロングクルーズまでさまざまな期間のクルーズを実施

図1-6 日本船のカジノは「ゲームを楽しむだけ」 （提供：郵船クルーズ）

しているほか、「クリスマスクルーズ」や「花火クルーズ」など、数多くの「テーマクルーズ」も実施しています。日本船は世界のクルーズ船のなかで最もバラエティに富んだクルーズラインナップを提供している、といっても過言ではありません。日本船は日本籍のため、日本国内のみのクルーズを実施することができます。

(5)　外国船によるクルーズの特徴

外国のクルーズ船が日本の港湾に寄港するケースは、次の3つのいずれかになります。

①　日本発着のクルーズを実施し、その発着港もしくは途中に寄港する。

②　世界一周クルーズなどの途中で寄港する。

③　中国発着クルーズ、韓国発着クルーズのように、日本国外の港を発着港として日本の港湾に寄港する。

①～③のいずれのケースであるかによって、寄港目的や乗船客構成（日本人客が多いのか、外国人客が多いのか、など)、寄港に伴う諸手続きや乗船客の行動などが大きく異なるため、それに対応した受け入れが必要になります。

多くの外国船は、チップ・港費（ポートチャージ）が別建てになっていますので、詳細は、パンフレットや船社のホームページで事前に確認する必要があります。(一部の外国船は、チップ・港費を込みにする「オールインクルーシブ・プラン」を採用している)

日本船とは異なり、外国船の場合は日本の領海（12海里・約22km）を出るとカジノでお金を賭けることが可能になります。日本の領海内にいるときは日本の法律が適用され、公海上では当該船の船籍がある国の法律に従うことになっているため、日本の領海を出た時点でカジノが可能になります。

なお、外国船は、「カボタージュ規制」があるため、日本国内のみのクルーズは実施できないことになっています。

図1-7　クリスマスクルーズ、花火クルーズの様子　（提供：郵船クルーズ）

② クルーズ船の概要

1-4 クルーズ船

「クルーズ客船」「客船」とも呼ばれることがありますが、いずれも同義です。クルーズ船は、「商船」のなかの「旅客船」に位置付けられますが、フェリーなど、ほかの旅客船とは特徴が異なります。クルーズ船の概要とともに船の分類などを簡単に紹介します。

(1) 船の分類

① 商船（貨物船と旅客船）

船舶は用途によって商船、漁船、軍艦、特殊船などに分類され、さらに商船は旅客船と貨物船に分類されます。

1）商　船：商行為を目的として運航される船舶で、旅客船と貨物船を指す

2）旅客船：旅客を運ぶことを主目的とする船舶で、旅客定員が 12 名を超えるもの

3）貨物船：貨物を運ぶことを主目的とする船舶で、旅客定員が12名以下のもの（法律上は「貨物船」という名称はない）

② 旅客船の中のクルーズ船

旅客船は「旅客定員 12 名を超えるもの」とされていますが、設備や運航目的によって大きくは次のように分類されます。

1）フェリー：人と車両を同時に運ぶことができる旅客船

2）遊 覧 船：景観が良い水域で主に観光用に運航される旅客船

図 1-8　旅客船の種類
左上：フェリー、右上：遊覧船、左下：連絡船、右下：レストラン船

3）連 絡 船：水域で隔てられた陸と陸を結び、旅客の輸送、貨物や車両などの運搬に従事する旅客船で、近年ではフェリーの一部とされる

4）レストラン船：レストランを備え、食事やお茶を洋上で楽しむことができる旅客船で、宿泊用の設備を持たない旅客船

5）クルーズ船：宿泊設備を持ち、レストラン、バー、劇場など乗客にレジャーを提供する設備を持つ旅客船＝宿泊を伴う船旅を提供する旅客船

(2) クルーズ船とは

クルーズ旅行は、「船に乗ること自体を主目的のひとつとする、船での宿泊を伴うレジャー旅行」です。クルーズ船は、単なる移動手段・輸送手段とは異なり、船内での滞在や船内生活、いわゆるクルーズライフを楽しめるように造られた船です。

①　動くホテル、動く街、動くテーマパーク、動く、、、、

クルーズ船は「動くホテル」とも呼ばれていますが、最近では、乗船客・乗組員合わせて8,000人以上が乗船する超大型船の登場もあって、「動く街」「動く都市」「洋上の都市」などと呼ばれるようにもなっています。

クルーズ船は、大型になればなるほど豪華、かつ、さまざまな施設が充実してきます。とくに、スポーツ施設やアミューズメント施設が充実しており、なかには、船上でサーフィンが楽しめたり、スカイダイビング体験ができたりする船もあります。さながら「動くアミューズメントパーク」「動くテーマパーク」です。

②　クルーズ船の充実した施設・設備

船によって異なりますが、多くのクルーズ船では次のような施設・設備を有しています。どの船にどのような施設・設備があるのかは、船社のホームページなどで確認することができますが、以下にクルーズ船内のおもな施設を紹介します。

1）食事施設：和食、洋食、中華などのレストラン、ブッフェレストランなど
（船によっては、スペシャリティレストランを持ち特別メニューを提供している。多くの場合、スペシャリティレストランの利用には別料金がかかる）

2）バー、カフェ・ラウンジ、アイスクリームバー、軽食コーナーなどの飲食施設

3）ギフトショップやジュエリーショップなどの店舗

4）理容室・美容室・スパ・エステティックサロン・ネイルサロンなど

5）フィットネスセンター・プール・ゴルフ練習場・卓球台・テニスコート・ロッククライミング・ゲームセンター・キッズルームなど

6）ショー劇場・映画館・カジノ・ダンスフロアなど

7）診療室（どの船にも医師、看護師が乗船勤務している）

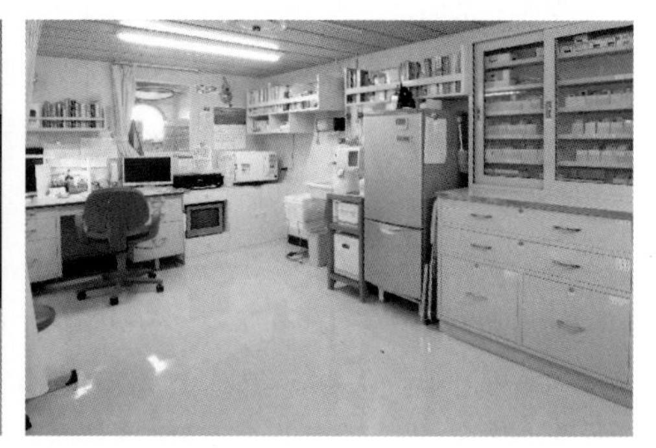

図 1-9　クルーズ船内の充実した施設
（提供：郵船クルーズ、右側一番下　提供：商船三井クルーズ）

1-5 多様化するクルーズ船

世界にはさまざまなタイプのクルーズ船があります。現在、世界には 450 隻以上のクルーズ船が就航していますが、いまも新造船の就航が相次いでいます。

近年、クルーズ船の大型化が進んでいますが、一方で、小型化・ラグジュアリー化・特殊化も進んでいます。今後この動きはますます顕著になり、マス・マーケットをターゲットにした「大型化」と、ニッチなマーケットをターゲットにした「小型化・ラグジュアリー化・特殊化」に二極化するといわれています。

(1)　クルーズ船の大型化と大衆化

レジャーとしての海外旅行は一部の富裕層の贅沢な旅で、海外旅行自体がステータスであった時代もありましたが、徐々にポピュラーなものとなり、ジャンボジェット機の登場で一気に大衆化されました。いまでは気軽に行けるレジャーとして定着しています。

それと同じように、クルーズの世界も船の大型化によって大衆化が進んでいます。最近では、クルーズ旅行の通販も普及し、より一層、身近なものになってきました。

海外旅行がそうであったように、クルーズも大衆化に向かって進んでいます。欧米では、すでにクルーズはポピュラーなレジャーとして定着していますが、日本でも、そう遠くない将来に、クルーズがよりポピュラーな旅の形になることは確実です。

①　世界最大のクルーズ船

2023年10月現在、世界最大のクルーズ船は「ワンダー・オブ・ザ・シーズ」です。

「ワンダー・オブ・ザ・シーズ」は、ロイヤル・カリビアン・インターナショナルが運航するオアシス・クラス（22万総トン級）では史上最大で、乗客乗員合わせて8,000人以上が乗船する世界最大のクルーズ船です。

エリアごとに個性豊かな「8つの街」が広がる「動く都市」「洋上の都市」といわれる船で、アミューズメントパーク顔負けの多彩なアトラクション、3つの巨大シアターで繰り広げられる本格的なエンターテインメントショー、40以上の飲食店や多彩なショップ、ウォータースライダーやジップライン、ファミリーで楽しめる遊園地などのほか、街の中央には季節の花が咲き誇る「セントラルパーク」まであります。規格外の超巨大船であり、老若男女が楽しめる「洋上の巨大テーマパーク」です。

ワンダー・オブ・ザ・シーズ：Wonder of the Seas
運航会社：ロイヤル・カリビアン・インターナショナル
就航：2022年3月
総トン数：236,857トン、全長：362m、全幅：64m
喫水：9.1m
乗客定員：5,734名（1室2名利用時）、乗組員数：2,300名

アイコン・オブ・ザ・シーズ：Icon of the Seas
運航会社：ロイヤル・カビリアン・インターナショナル
就航：2024年1月（予定）＊写真は完成イメージ
総トン数：250,800トン、全長：365m 、全幅：64.9m
喫水：未発表、乗客定員：5,610名（1室2名利用時。最大7,600名）、乗組員数：2,350名

図1-10 世界最大のクルーズ船「ワンダー・オブ・ザ・シーズ」と「アイコン・オブ・ザ・シーズ」

ロイヤル・カリビアン・インターナショナルは、2024年１月に、さらに大型の25万総トン級の「アイコン・オブ・ザ・シーズ」を就航させる予定です。就航後は、世界最大のクルーズ船になります。

② クルーズ船の大型化に伴う通航問題

１） マスト高と橋の桁下

クルーズ船の大型化が進んでいますが、大型化に伴い入港・着岸できる港湾も限られてきます。入港・着岸が可能かどうかは、岸壁の長さ・水深・航路幅・回頭域・岸壁強度などの要素によりますが、岸壁の手前に橋があれば、橋をくぐれるかどうかも重要になります。

クルーズ船が寄港する日本のおもな港湾の手前には、橋がある場合が多くなっています。クルーズ船が橋をくぐれるかどうかは、船のマスト高と桁下クリアランスを勘案する必要があります。桁下クリアランスがギリギリの場合には、干潮のときに通過するなど、潮位も勘案します。

クルーズ船が寄港する代表的な「港湾」と「橋」の事例をあげてみます。

東京港とレインボーブリッジ

レインボーブリッジは桁下52mですが、クルーズ船が着岸する「東京国際クルーズターミナル」はレインボーブリッジの手前にあり、同橋をくぐる必要はありません。

横浜港と横浜ベイブリッジ

横浜ベイブリッジは桁下55mです。「横浜港大さん橋国際客船ターミナル」と「新港ふ頭客船ターミナル」は、横浜ベイブリッジをくぐった先にありますが、「大

図1-11　横浜ベイブリッジを通航するクルーズ船

黒ふ頭客船ターミナル」は横浜ベイブリッジの手前にあるので、同橋をくぐる必要はありません。

名古屋港と名港トリトン・中央大橋

名港トリトン・中央大橋は、桁下 52.5m です。「名古屋港ガーデンふ頭」は、名港トリトン・中央大橋をくぐった先にありますが、「金城ふ頭」は同橋をくぐる必要はありません。

その他のおもな橋については、明石海峡大橋、瀬戸大橋、来島海峡大橋、女神大橋（長崎）が桁下 65m、関門橋が桁下 61m となっています。

2) パナマ運河とクルーズ船

世界三大運河（スエズ運河・パナマ運河・北海バルト海運河＝キール運河）のうち、パナマ運河とキール運河は、水位の異なる河川や運河、水路の間で船を上下させて通航させる「ロック式」（閘門式）運河のため、通航できる船型が限られます。

パナマ運河を通航できる最大の船型をパナマックス（全長 366m ／ 全幅 49m ／ 喫水 15.2m ／ 全高 57.91m）といい、これ以上の大型船はパナマ運河を通航することができません。

図 1-12　パナマ運河を通航する「飛鳥Ⅱ」（撮影：中村庸夫）

(2) クルーズ船の小型化・ラグジュアリー化・特殊化（特別化）

クルーズ船の大型化によってクルーズの大衆化が進んでいますが、その一方で小型化・ラグジュアリー化・特殊化（特別化）も進んでいます。

文化の発展の歴史が示しているように、文化はポピュラーなものになれば必ずさらに上を目指す動きが出てきます。クルーズを文化に例えるなら、クルーズの世界でも、さらに上を目指す動きが出てくることは必至です。

① 小型化・ラグジュアリー化

クルーズ船の大型化が進む一方で、小型化やラグジュアリー化も進んでいます。船型をあえて大型化せず、小型船として乗船客数を抑え、最上級のサービスを目指すクルーズ船も増えてきています。

代表的な船として、日本にも寄港する「セブンシーズ・エクスプローラー」と「シルバー・ミューズ」を紹介します。

1）セブンシーズ・エクスプローラー

「セブンシーズ・エクスプローラー」は、世界最高級といわれるクルーズ船で、全373室はすべてスイートルームになっています。最も広い客室は412.8㎡（ベラン

図1-13 セブンシーズ・エクスプローラー

総トン数55,254トン、全長224m、全幅31m 、客室数373室、乗客定員746人、乗組員数548人、運航会社：リージェント・セブンシーズ・クルーズ（米）
下段の写真は左からアトリウム、メインダイニングルーム、リージェント・スイート
（提供：リージェント・セブンシーズ・クルーズ）

図 1-14　シルバー・ミューズ

総トン数 40,700 トン、全長 212.8 m、全幅 27 m、客室数 298 室、乗客定員 596 人、乗組員数 411 人、運航会社：シルバーシー・クルーズ（モナコ）

ダ含む）の広さを誇り、2 つのベッドルーム、2 つのバスルーム、2 つのベランダを持ち、客室内でスパサービスも受けられる豪華さです。

2）シルバー・ミューズ

世界最高級船のひとつで、メインダイニングを設置しないという新しいコンセプトのもと、8 つの特色あるレストランを持っており、乗船客は自由に食事を楽しむことができます。298 室の客室はすべてバルコニー付きスイートルームで全室海側、ポピュラークラスでも 36㎡の広さがあります。

②　特殊化（特別化）

クルーズ船の小型化・ラグジュアリー化と重複するところもありますが、「特殊化（特別化）」の代表的な例として、エクスペディション船、レジデンス型クルーズ船、リバークルーズ船を紹介します。

1）エクスペディション船

「エクスプローラー船」「アドベンチャー船」とも呼ばれ、日本語でいう「探検船」です。エクスペディション船の主な特徴は、①船型が小さく、乗客定員が少ない、②北極や南極などの氷海を航行できる耐氷能力や砕氷能力を有している船が多い、③港湾施設のない極地などにも対応でき、沖合での錨泊（沖泊）が多い、④ゾディアックボート（エンジン付きゴムボート）を備えており、砂地や岩場などにも上陸可能、などがあげられます。

図 1-15　南極海域での「ル・ソレアル」とゾディアックボート
総トン数10,700 トン、全長 142m、全幅 18m、客室数 132 室、乗客定員 264 名
乗組員 140 名、運航会社：ポナン社（フランス）

このような特徴を持つことから、エクスペディション船は極地のみならず世界の海域で注目を集めています。フランスの耐氷船「ル・ソレアル」は、数多くの日本周遊クルーズを実施しており、これまでのクルーズ船では寄港できなかった多くの小さな港にも寄港しています。

2）レジデンス型クルーズ船

レジデンス型クルーズ船は、分譲マンションのクルーズ船版ということができます。

おもに富裕層がオーナーとなってクルーズ船の「キャビン」（客室）を買い取る形になっています。オーナーになるには、総資産が 10 億円以上なければならないといわれており、行き先も、オーナーによって組織される「自治会」で決定するといいます。

図 1-16　神戸港に停泊するレジデンス型クルーズ船「ザ・ワールド」
総トン数 43,524 トン / 全長 196 メートル / 全幅 29.8 メートル /
客室数 165 室（全室分譲）/ 乗船客 150 ～ 200 人が常時乗船 / 乗組員数 270 人
運航会社：レジデンシー社（米国）

2023年10月現在、世界にあるレジデンス型クルーズ船は「ザ・ワールド」1船ですが、世界の富裕層が高齢化することによって新たなライフスタイルを求める人も増え、第2、第3の「ザ・ワールド」が出てくる可能性は大いに考えられます。「ザ・ワールド」は日本へも寄港実績があります。

3）リバークルーズ船

ライン川やドナウ川などのヨーロッパの大河、ナイル川やアマゾン川など世界有数の大河、中国・長江の三峡下りなど、大河をゆったりとクルーズするのが「リバークルーズ船」です。

文明や都市は大河に沿って栄えた歴史があります。大河沿いには数多くの都市があり、数多くの世界遺産もあります。川沿いの都市に寄港して文化や歴史を感じ、さらには美しい自然や景観を間近に感じながらクルーズができるリバークルーズ船の人気は高まっています。

また、クリスマスシーズンになると、ヨーロッパ各都市のクリスマスマーケットを1週間程度かけて巡るリバークルーズが実施され、近年では日本人観光客にも人気になっています。

リバークルーズ船は、コンパクトながらも充実した施設・設備を有し、行き届いたサービスを提供している船が多いことから、人気が高まっています。

図1-17　ライン川を航行するリバークルーズ船

クルーズ・コラム② スーパーヨット

全長80フィート（24m）以上の大型クルーザーを「スーパーヨット」あるいは「メガヨット」といいます。欧米の富裕層を中心に人気が高く、世界には約1万隻のスーパーヨットが就航しているといわれています。

オーナーが富裕層であることから、寄港1回当たりの経済効果が高いといわれています。日本への寄港実績はまだあまり多くありませんが、寄港地には大きな利益が見込まれるため、今後注目に値します。

スーパーヨット

1-6 クルーズ船の分類と指標

クルーズ船は、おもに「サイズ」と「グレード」で分類されてきました。また、クルーズ船を見る（評価する）場合の物差しとなる指標があります。

（1） サイズによる分類

クルーズ船は、サイズによって、「大型船」「中型船」「小型船」「ブティック船」に分類されます。「ブティック船」は「小型船」に分類されることが多くなっています。

クルーズ船の評価では世界的に最も権威があるとされる、ダグラス・ワード氏によるベルリッツ・クルーズガイド『Berlitz Cruising & Cruise Ships』では、クルーズ船のサイズは表1-1のように分類されています（同書は、ホテル・レストラン分野における

表1-1 クルーズ船のサイズによる分類

船 型	総トン数	乗客数
大型船	101,001 ～ 230,000 総トン	2,501 ～ 6,500 人
中型船	50,001 ～ 101,000 総トン	751 ～ 2,500 人
小型船	5,001 ～ 50,000 総トン	251 ～ 750 人
ブティック船	1,000 ～ 5,000 総トン	50 ～ 250 人

図 1-18　サイズによる分類で小型船に位置付けられるクルーズ船
「ル・ソレアル」(10,700 総トン)

「ミシュラン・ガイド」のクルーズ版ともいえるもので、世界の多くのクルーズ船が星の数で評価されています)。

(2) グレードによる分類

クルーズマーケットは、これまではクルーズ料金の違いにより、「ラグジュアリー」「プレミアム」「カジュアル」のマーケットに分類されてきました。それぞれのマーケットに属するクルーズ船は、「ラグジュアリー船」「プレミアム船」「カジュアル船」と呼ばれてきました。カジュアル船が大多数を占め、カジュアル船とごく少ないラグジュアリー船との間にプレミアム船が位置する「ピラミッド型」の図式で示されることが多くありました。ただ、このステレオタイプ的な分類は、今後意味をなさなくなるといわれています。

例えば、これまでカジュアル船とされてきた船のなかには、上級キャビンの乗客にグレードの高いサービスを提供する特別なカテゴリーを設けている船があります。この特別カテゴリーは客室も広く、専用レストラン、バトラーサービス（執事によるサービス）もあり、ラグジュアリー船に勝るとも劣らぬサービスが提供されています。

最近では、新しく建造されるクルーズ船ほど、上級キャビンの乗客に差別化したサービスを提供する船が増えてきており、今後この傾向は加速するといわれています。

このように、これまでのステレオタイプ的な分類におさまり切れないクルーズ船が増えているのが現状です。「ラグジュアリー」「プレミアム」「カジュアル」という分類は今後も便宜的に使われるかもしれませんが、この分類はやがて姿を消すと考えられています。

(3) クルーズ船を見る（評価する）場合の２つの指標

クルーズ船を見る（評価する）場合の２つの指標があります。乗船客１人当たりのスペースを見る、①スペース比率（Space ratio）と、１人の乗組員が何人の乗船客に対応するかを見る、②サービス比率（Service ratio）です。

スペース比率は数値が大きいほど評価が高く、サービス比率は数値が小さいほど評価が高いということができます。

表 1-2　クルーズ船を見る（評価する）２つの指標

① スペース比率（Space ratio）　→数値が大きいほど高評価
・乗船客１人当たりのスペース（船の総トン数÷乗船客定員） ・数値が大きいほど乗船客１人当たりのスペースが広くなり、それだけ「ゆったり感」がでる。 【例】客船 A：総トン数 50,444 トン÷乗船客定員 872 人　= 57.8 トン／人　→高評価 客船 B：総トン数 236,857 トン÷乗船客定員 5,734 人 = 41.3 トン／人
② サービス比率（Service ratio）　→数値が小さいほど高評価
・乗組員１人当たりの乗船客数（乗船客定員÷乗組員数） ・数値が小さいほど乗組員１人が対応する乗船客数が少なくなり、手厚いサービスが期待できる。 【例】客船 A：乗船客定員 872 人÷乗組員数 490 人 = 1.78 ／人　→高評価 客船 B：乗船客定員 5,734 人÷乗組員数 2,300 人 = 2.49 人

図 1-19　クルーズ船内のラウンジと客室　（提供：郵船クルーズ）

1-7 日本籍のクルーズ船

日本籍のクルーズ船には、「にっぽん丸」と「飛鳥Ⅱ」の2隻があります。日本クルーズ客船が運航していた「ぱしふぃっく びいなす」は、残念ながら、2023年1月に運航を終了しました。

図1-20　飛鳥Ⅱ　（提供：郵船クルーズ）

総トン数：50,444トン、全長：241m、全幅29.6m、喫水：7.8m、客室数：436室
乗客定員：872名、乗組員数：490名
運航会社：郵船クルーズ株式会社（NYK Cruises Co., Ltd）

図1-21　にっぽん丸　（提供：商船三井クルーズ）

総トン数：22,472トン、全長：167m、全幅：24m、喫水：6.6m
客室数：203室、乗客定員：398名（最大532名）、乗組員数：230名
運航会社：商船三井クルーズ株式会社（MOL Cruises, Ltd.）

(1) 日本船の長所

日本船の長所は数多くありますが、おもな長所は以下のとおりです。

① 船型が小さい

日本船最大の「飛鳥Ⅱ」でも総トン数は5万トン強であり、大型化が進む世界のクルーズ船のなかでは大きな方ではありません。「にっぽん丸」は2万3千トン弱で、大型船では入港できない日本の多くの港湾に寄港することが可能です。

小さいがゆえのメリットもあり、大型の外国客船との差別化にもつながっています。日本にはさまざまな港湾がありますが、大型船では入港できない港も多く、日本船はそれらの港に寄港することができます。

② クルーズが旅行商品として定着している

日本では、クルーズは旅行商品のひとつの分野として位置づけられており、クルーズの多くは旅行会社の旅行商品のひとつとして旅行会社によって販売されています。

また、旅行会社では旅行のなかにクルーズを組み入れたパッケージツアーを数多く企画、販売しており人気があります。

③ オプショナルツアーが充実している

日本船のクルーズを特徴付けるものとして、オプショナルツアーの充実があげられます。海外のクルーズでは、乗船客は寄港地でのツアーにそれほど多くの期待を持っていないように見えますが、日本のクルーズでは寄港地ツアーに期待する乗船客が多く、ツアーの内容の充実が求められています。

④ 日本人の嗜好に合った食事を提供している

日本船の乗船客は、ほとんどが日本人であり、日本人の乗船客を対象としてサービスが提供されています。食事も多くの日本人の嗜好に合うものが提供されています。

食のバラエティーも豊富で、国内クルーズでも、海外クルーズでも、地元食材を使ったメニューや地元名物料理などが提供されます。著名な料理人がゲストシェフとして腕を振るうクルーズもあります。

図1-22 クルーズ船で食事の準備をするスタッフ (提供:郵船クルーズ)

日本船では、朝食と昼食に和食が提供されています。和食、洋食をチョイスできるようになっており、100日間を超える世界一周クルーズに乗船したとしても、和食が恋しくなるという心配はありません。ディナーも、クルーズ期間が長くなるほど和食が提供される割合が高くなる傾向にあります。

⑤　日本人向けのサービスを提供している

日本船では日本語が通じ、船内新聞も船内放送も日本語です。外国人乗組員も多く乗船勤務していますが、日本語と日本人向けのサービスが教育されています。イベントなどの船内プログラムも日本人乗船客向けのものが組まれており、日本船ならではの「おもてなし」も好評です。

また、外国人クルーが多いことから、「日本的なサービスを受けながら、外国旅行気分を同時に味わえるのが良い」と感じる乗船客も多いようです。

日本船はチップも不要です。入港料などの港費（ポートチャージ）もクルーズ代金に含まれています。（外国船の多くは、チップもポートチャージも別建てになっている）

⑥　バラエティに富んだクルーズを提供している

日本船はバラエティに富んださまざまなクルーズを提供しています。クルーズ日数も、ワンナイトのクルーズもあれば、2～3日から1週間程度のもの、2週間から1か月程度のもの、さらには100日間を超える世界一周クルーズまで実にさまざまです。

クルーズ海域も、日本国内のみならず世界の海に広がっています。外国船はカボタージュ（国内輸送権）の規制があり、日本国内のみのクルーズは実施できませんが、日本船はワンナイトの国内クルーズも実施できます。これも日本船の長所といえます。

クルーズのテーマもクルーズごとに異なり、花火クルーズや夏祭りクルーズ、クリスマスクルーズ、特別なゲストエンターテイナー・ゲストシェフを招いてのクルーズ、ジャズやオペラをテーマとしたクルーズなど実にバラエティに富んだクルーズを提供しています。このバラエティの豊富さは、世界に類を見ないといえます。

図1-23　花火クルーズの様子とクリスマスクルーズでのショー　（提供：郵船クルーズ）

第2章 クルーズ産業の歩み

① 世界のクルーズの歩み

2-1 クルーズ産業の創出

「船」は、人の手で漕いで進む「手漕ぎ船」から、帆を張り風の力で進む「帆船」へと進化していきました。その後、蒸気機関の発明に伴い蒸気を推力とする「蒸気船」、やがてプロペラが製作され、現在の「プロペラ船」へと進化、19世紀中ほどの蒸気船の進歩とプロペラ船の出現が「旅客船時代」を切り開くこととなりました。

(1) 旅客船の進歩

1838年、「シリウス」（総トン数703トン）、「グレート・ウエスタン」（1,320トン）の2隻が北大西洋を蒸気エンジンのみで横断し、1840年にサミュエル・キュナードにより蒸気船による北大西洋定期航路サービスが拓かれました。1845年の「グレート・ブリテン」（3,270トン）は、スクリュー推進を採用した史上最初の北大西洋横断船でした。その後、蒸気船の技術は発展、そのスピードを争う時代に突入していきます。

1912年4月、当時の世界最大の客船、ホワイト・スター・ラインの「タイタニック」（総トン数46,328トン）は、ニューヨークに向かう処女航海のため、英国のサウサンプトン港を出港しました。しかし、当時、最高の性能を謳ったこの豪華客船は、出港4日後に北大西洋で氷山に衝突、乗客約2,200名のうち1,500名以上が犠牲となる大惨事に見舞われたのです。

その後、第一次世界大戦を経た1935年に就航したフレンチ・ラインの「ノルマンディー」（全長314m、全幅36m、最大喫水11m、総トン数7万9,280トン）は当時世

表2-1 旅客船の歩み

年	出来事
1838年	蒸気船が北大西洋横断
1845年	プロペラ船の出現。定期航路の発達
1912年	タイタニック号就航（46,328総トン）
1914年～18年	第一次世界大戦。大戦後アメリカが入国制限
1935年	ノルマンディー号就航（79,280総トン）
1939年～45年	第二次世界大戦。客船の軍隊輸送船転用

図 2-1 「ノルマンディー」と「クイーン・メリー」

界最大の客船であり、翌年就航した「クイーン・メリー」との間で北大西洋横断の平均速力に基づき与えられるブルーリボン記録を競うなど、旅客船時代は成長していきました。

(2) 新規ビジネスとしてのクルーズ運航会社の出現

旅客船は、第二次世界大戦でその多くを失いながらも、主として旧宗主国と旧植民地間での旅客船サービスは継続されていました。ところが、1960 年代に出現したジェット旅客機に旅客を奪われ、定期航路から撤退せざるを得なくなりました。定期航路の合間に周遊クルーズを行うビジネス転換を図りましたが、経済損失は免れず、旅客船を活用した新たなるビジネスの立ち上げが志向されました。このような状況のなか、現代クルーズの基盤となったクルーズ専用船によるカリブ海クルーズが創出されたのです。

1965 年、スタンリー・B・マクドナルドは、プリンセス・クルーズを創業し、「プリンセス・パトリシア」(総トン数 5,611 トン) によるメキシコへのクルーズを開始しました。

1966 年、海運業者のノット・クロスターと観光業者のテッド・アリソンはノルウエージャン・カリビアン・クルーズを創業し、カリブ海への定期航路を開拓しました。

1969 年、マイアミで通年クルーズを運航するというビジョンを持っていたエドウィン・W・ステファンは、ノルウェー人船主であるアンダース・ウィルヘルムセン、シグルド・スカウゲン、ゴータス・ラーセンとともにロイヤル・カリビアン クルーズ・ラインを創業し、1970 年に新造船「ソング・オブ・ノルウェー」(総トン数 18,416 トン、乗客定員 724 人) を就航させ、その後 1972 年までに同型船 3 隻の船隊を整備し、クルーズビジネスを展開しました。

表 2-2 航空機出現後のクルーズの動き

年	出来事
1963 年	ボーイング 727 初飛行 (座席数:140)
1965 年	プリンセス・クルーズ設立
1966 年	ノルウエージャン・カリビアン・クルーズ設立
1969 年	ロイヤル・カリビアン クルーズ・ライン設立
1969 年	ボーイング 747 初飛行 (座席数:約 400)

2-2 クルーズ産業の発展

(1)　日本クルーズ元年（1989年）頃の国際クルーズ産業

1960年代後半、「移動」を目的とする旅客事業から「船旅レジャー」を目的とするクルーズ事業への転換がカリブ海で発生しましたが、当時のクルーズ産業は小規模で新しいベンチャー企業集団でした。

マーケットのニーズに応えるため1975年にクルーズライン国際協会（Cruise Lines International Association=CLIA）が設立されました。この当時のクルーズ人口（クルーズ体験者）は50万人ほどでした。CLIA設立後、クルーズ産業は世界各地に広がりを見せ、日本もクルーズ事業に参画することとなりました。日本がクルーズ事業に参画したのは1989年で、この年は日本では「クルーズ元年」と呼ばれています。

日本のクルーズ元年の翌年となる1990年のクルーズ人口は、アメリカ350万人、イギリス18万人、その他欧州54.5万人、日本17.5万人、その他22.5万人の合計462.5万人でした。カリブ海でクルーズ産業が立ち上がってから20年ほど経った1990年のクルーズ人口は、クルーズ産業発足当時の10倍ほどに拡大したことになります。

世界のクルーズ黎明期におけるクルーズ産業成長の要因は、クルーズ船運航事業者によるクルーズ船の大型化に付随する低額なクルーズ料金設定、クルーズ船の定期定曜日運航

表2-3　世界のクルーズ人口の推移　（単位：千人）

国・地域	1990	2000	2005	2006	2007	2008	2009	2010
アメリカ	3,500	6,900	11,200	11,200	11,350	13,500	13,500	13,500
イギリス	180	800	1,069	1,200	1,337	1,477	1,550	1,600
その他欧州	545	1,081	1,711	2,306	2,622	3,175	3,175	4,175
日本	175	216	156	177	184	190	167	188
その他地域	225	1,300	1,400	1,210	1,193	1,430	1,700	1,700
全世界	4,625	10,297	15,536	16,093	16,686	19,772	20,092	21,163

国・地域	2011	2012	2013	2014	2015	2016	2017年
アメリカ	11,350	13,500	13,500	11,350	13,500	13,500	11,942
イギリス	1,780	1,780	1,790	1,640	1,650	1,780	1,915
その他欧州	4,150	4,230	4,000	6,400	6,570	4,620	5,026
日本	187	217	238	231	221	248	315
その他地域	2,500	2,926	3,272	2,229	3,194	4,852	6,602
全世界	19,967	22,653	22,800	21,850	25,135	25,000	25,800

（出所：国土交通省）

などさまざまですが、CLIA がクルーズ船運航事業者をまとめ、さらにクルーズ旅行商品販売を担う旅行会社へのプロモーションと販売教育に力を入れたことも、大きな要因のひとつです。クルーズ事業者の連携が産業を成長させたことをうかがい知ることができます。

(2) 成長を続けた国際クルーズ産業

クルーズ評論家のダグラス・ワードが編集したクルーズガイド「Cruising & Cruise Ships」によると、1990 年当時の世界クルーズ人口は約 500 万人でしたが、10 年後の 2000 年のクルーズ人口は 1,000 万人を超え、さらに 10 年後の 2010 年には 2,000 万人を超すほどの成長を遂げ、クルーズ産業を形成しました。2010 年以降もクルーズ人口は増加し、2019 年には 3,000 万人弱へと着実な成長を続けてきました。

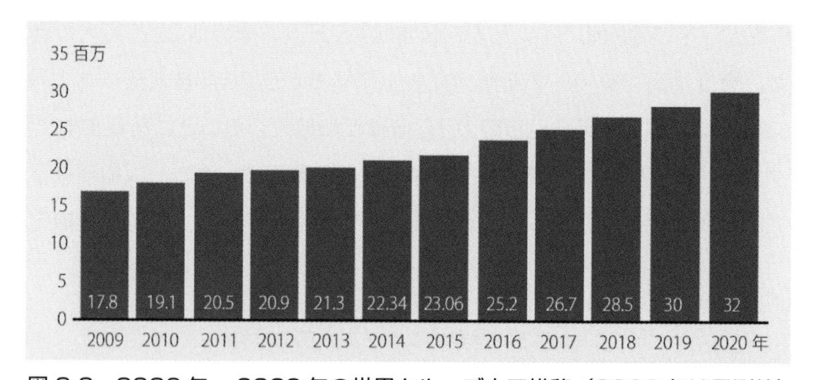

図 2-2 2009 年～ 2020 年の世界クルーズ人口推移（2020 年は予測値）
（出所：STATE OF THE CRUISE 2020 INDUSTRY OUTLOOK：CLIA）

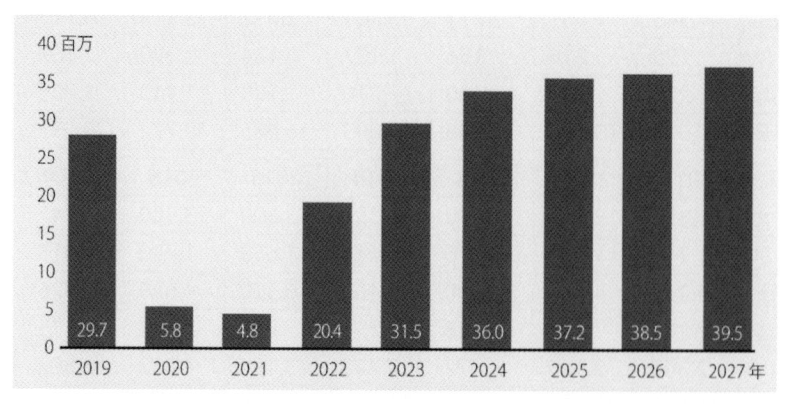

図 2-3 2019 年～ 2027 年の世界クルーズ人口推移と予測
（出所：STATE OF THE CRUISE INDUSTRY2023：CLIA）

(3)　コロナ禍の大打撃とコロナ禍からの回復

2019年末に発生した新型コロナウイルス感染症（以下、新型コロナ）による影響は、クルーズ産業界にも波及し、2020年3月には世界のクルーズ船が全船運航停止になるなど、クルーズ産業全体に大打撃を与えました。

2020年の夏ごろからクルーズ船を運航した船社もありましたが、感染症発生との戦いもあり、安定的なクルーズ船運航には至りませんでした。日本でも2020年10月末に国内クルーズの営業が再開されましたが、感染症発生状況に応じ運航停止を余儀なくされるケースも多くありました。

2021年5月に、米国CDC（疾病対策センター）が米国でのクルーズ船運航再開を「夏の半ばごろ」と発表したこともあり、クルーズ産業はクルーズ再開に向け勢いづきました。

2022年になると米国CDCは、クルーズ旅行の感染リスクレベルを最も高い「レベル4」から「レベル3」「レベル2」に順次引き下げ、3月には旅行危険度のリスク表示を取り止めるところとなりました。

クルーズ産業界が一丸となりウィズコロナの状態から、クルーズ再開・回復に取り組みました。CLIAは2023年に先々のクルーズ人口を予測し「世界のクルーズ人口は2027年に3,950万人に達する」と発表しました。

②　日本のクルーズの歩み

2-3　日本クルーズ黎明期からバブル期へ

太平洋戦争前の日本の外航海運会社は、世界的にも名高い旅客船を数多く運航していましたが、戦争でそのほとんどを失い、残された旅客船を引揚船や移民船などとして使用していました。

その後、引揚船事業や南米移民船事業からの撤退などもありましたが、一部海運会社による旅客船事業は継続されていました。

(1)　日本でのクルーズ事業立ち上げの背景

1985年9月、アメリカの貿易赤字を改善するため先進5か国（G5）財務大臣・中央銀行総裁会議でドル安路線を図ることが合意されました（プラザ合意）。

これにより円高ドル安は進み、プラザ合意発表翌日の1日でドル円レートは1ドル235円から約20円下落し1年後には1ドル150円台で取引されるようになったのです。

表2-4　日本クルーズ黎明期に就航・活躍したクルーズ船

就航年	船名	船舶所有者(船主)	運航会社
1989年	おせあにっくぐれいす	昭和海運	オセアニッククルーズ
	ふじ丸	大阪商船三井船舶	商船三井客船
1990年	にっぽん丸	大阪商船三井船舶	商船三井客船
	おりえんとびいなす	東日本海フェリー	日本クルーズ客船
	クリスタルハーモニー	日本郵船	クリスタルクルーズ
	フロンティアスピリット	日本郵船等	フロンティアクルーズ
	ソングオブフラワー	川崎汽船	セブンシーズクルーズライン
1991年	飛鳥	日本郵船	郵船クルーズ

この急激な円高対策として、日銀は公定歩合の引き下げ（低金利政策）を行いました。これにより、企業が融資を受けやすい状態を生み、海外投資資金を国内市場に向ける動向も起こりました。また、国内株式や土地の購入に資金が使われるなど、金融機関による融資活動が活発化したのです（バブル景気）。

このような状況下で外航海運会社は、経営基盤の安定化を図るため新たな経営戦略として、当時米国で飛躍的に発展していたクルーズ事業を従来の海運事業に加える方針を打ち出しました。1989年には日本船社が運航する日本船籍のクルーズ船「おせあにっくぐれいす」や「ふじ丸」が就航、後日、旅客船事業が顕在化した1989年を「クルーズ元年（客船元年）」と称するところとなったのです。

翌1990年には「ふじ丸」の姉妹船である「にっぽん丸」や日本クルーズ客船が運航する「おりえんとびいなす」など多くのクルーズ船が就航し、日本はクルーズ船運航大国になっていきました。

図2-4　神戸港に停泊する「ふじ丸」

(2)　バブル景気後のクルーズ事業

1980年代後半から1990年代初頭に起きたバブル景気により、飛躍的な発展が期待されていた客船事業でしたが、1991年から1993年にかけて日経平均株価の急激な下落や公定歩合の引き上げ、総量規制、地価税の導入などにより、株価と地価が急落する「バブル崩壊」が起き、その影響を受けて客船事業から撤退する企業が多く発生しました。

クルーズ黎明期を過ぎた1990年代末の日本船運航会社は、郵船クルーズ、商船三井客船、日本クルーズ客船の3社に、日本船社の運航クルーズ船は5隻体制となったのです。

表 2-5　黎明期からバブル景気前後の日本人クルーズ人口（国際 / 国内）推移（単位：千人）

分類 / 年	1989	1990	1991	1992	1993	1994	1995	1996	1997
国　際	36.2	38.1	38.3	46.4	47.3	42.5	45.1	34.4	33.3
国　内	95.7	108.2	102.2	120.3	134.1	134.2	145.5	119.9	95.4
合　計	131.9	146.3	140.5	166.7	181.3	176.6	190.6	154.3	128.7

（出所：国土交通省）

クルーズ元年の 1989 年は 13 万 2,000 人ほどであった日本人クルーズ人口は 1995 年の 19 万人をピークに減少し、1997 年にはクルーズ元年時を下回る 12 万 9,000 人ほどとなってしまいました。

2-4　クルーズ取り組みの大転換

(1)　クルーズ船に「乗る」からクルーズ船を「受け入れる」への転換

クルーズ元年以降、わが国のクルーズは、日本船による日本人のための日本のクルーズを中心に事業展開をしていました。2006 年にコスタクルーズ社運航のクルーズ船により開始された中国発着クルーズの日本寄港増加や、2013 年のプリンセス・クルーズ社運航のクルーズ船による日本人マーケットを視野に入れた日本発着クルーズの通年運航など、外国籍のクルーズ船によるクルーズ事業進出が行われるようになりました。

日本のクルーズ船社 3 社が鎖国のような状況のなかで波風を立てず静かに事業協調していたところに、外国船社が低価格によるクルーズ船を投入し、日本のクルーズマーケットに大きな影響を与えたのです。この事態を「黒船来襲」と揶揄する論調もありました。

この「黒船来襲」は日本のクルーズ振興事業に大きな転換をもたらしました。従来のクルーズ振興は「多くの人がクルーズ船に乗り、クルーズ旅行を楽しむこと」を主体としてきましたが、多数の黒船（外国籍のクルーズ船）が日本に寄港することにより、クルーズ振興の主体が「クルーズ船やクルーズ旅客を受け入れること」に変わっていきました。つまり、「クルーズ船に乗る」から「クルーズ船を受け入れる」への大転換が起こったことになります。現在のわが国のクルーズ振興事業は、クルーズ船運航会社や旅行会社による「クルーズ船に乗る」ことへの取り組みと、港湾や地域社会による「クルーズ船を受け入れる」ことへの取り組みがバランスよく実施されています。

(2)　クルーズポートの整備

2000 年代半ばより以前に日本の港湾を利用していたクルーズ船は、喫水がマイナス

図 2-5　金沢港でのクルーズ船歓迎風景（写真提供：金沢港振興協会）

6.7 メートル未満の日本船が中心であったため、水深マイナス 7.5 メートル岸壁の使用で十分対応できていました。時おり来航する外国クルーズ船も既存の岸壁施設を有効に使用して受け入れていましたが、2000 年代半ば過ぎからは外国クルーズ船の来航数の増加や大型化が進み、港湾施設の改修などの港湾整備が必要となりました。

こうした状況を踏まえ、国土交通省は、岸壁や係船柱、フェンダーなどの既存のストックを活用して年々大型化するクルーズ船の受け入れ環境の整備に取り組みました。現在、全国各地に総トン数 20 万トンを超す超大型クルーズ船を受け入れることが可能なクルーズポートの整備を進めています。

一方、クルーズ船旅客が使用する旅客ターミナルビルの施設については、公共岸壁にクルーズ船社が旅客ターミナルビルを施設するなど、官民連携による国際クルーズ拠点形成を図り、各種施策を推進しています。（第 4 章 4-7 参照）

クルーズ振興の大きな柱であるクルーズ船を受け入れるための港湾整備には、多額の経費が必要となるため、寄港地ではクルーズ船受け入れ効果（特にクルーズ船寄港に伴う経済効果）への関心が高まりました。クルーズ船の入出港に伴う経費だけではなく、旅客や乗組員の寄港地での観光や買い物、船内で消費する飲食物、燃料油や清水の積み込みなどへの関心も高まっています。

図 2-6　日本を代表するクルーズポート「横浜港」と「神戸港」

2-5 クルーズ 500 万人時代

(1) 2014 年に掲げたクルーズ 100 万人

2014 年 1 月に「観光立国推進閣僚会議」が開催されました。その会議において、「観光立国実現に向けたアクション・プログラム 2014」が策定されました。そのなかで、2020 年に向けた訪日外国人旅行者 2,000 万人の目標内に訪日クルーズ旅客数 100 万人が明記されました。

この時（2014 年）に掲げた「訪日クルーズ旅客数 100 万人」は、アジアをはじめ世界のクルーズ人口の増加を背景にして、翌 2015 年には訪日クルーズ旅客数は 111 万 6,000 人に達しました。目標数を 5 年前倒しで実現したことになります。

(2) 2016 年に掲げたクルーズ 500 万人時代

2016 年 3 月には「明日の日本を支える観光ビジョン構想会議」が開催されました。その会議において「明日の日本を支える観光ビジョン」がとりまとめられました。訪日外国人旅行者数を 2020 年に 4,000 万人、2030 年に 6,000 万人とする目標を設定し、そのなかで「訪日クルーズ旅客数を 2020 年に 500 万人とする」との高い目標が掲げられました。

2014 年に掲げた「2020 年までにクルーズ旅客 100 万人」を 5 年前倒しで達成したとはいえ、新たな目標設定作業を行っていた 2015 年の訪日クルーズ旅客数は 100 万人をわずかに超えた程度でした。「5 年後には 5 倍の 500 万人を達成する」との目標ハードルは高かったのですが、国・地方自治体の関係機関、クルーズ船運航会社・旅行会社などの民間事業者、地域住民、NPO などが協力関係を構築・強化し、目標の達成に向け取り組みました。

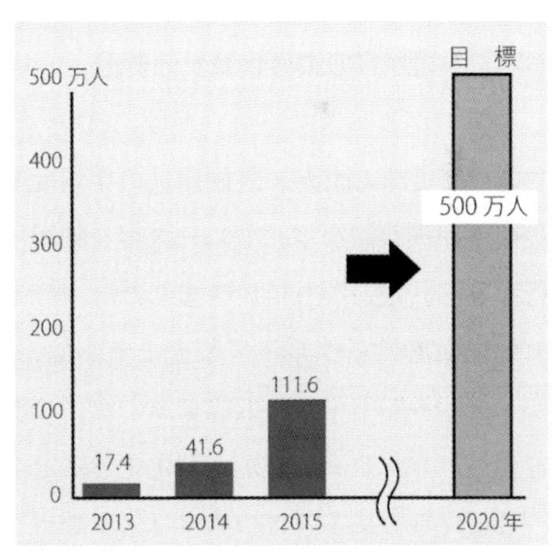

図 2-7　訪日クルーズ旅客の実績と目標
（出所：国土交通省）

(3) 目標達成への進捗

訪日クルーズ旅客数 500 万人時代に向けた取り組みは、2015 年に 111.6 万人、2016 年に 199.2 万人、2017 年に 252.9 万人と着実な増加をもたらしました。500 万人達成に向け勢いをつけていましたが、2018 年には前年より 7.8 万人減の 245.1 万人となりました。

2017 年をピークに訪日クルーズ旅客数の減少をもたらした要因は、中国からの訪日旅客の減少でした。国土交通省の統計から 2017 年と 2018 年の出発方面別訪日クルーズ旅客数を比較すると、中国からの訪日旅客数は、2017 年 217.3 万人が 2018 年には 202.0 万人と 15.3 万人減少しています。

その一方で、台湾からの訪日旅客数は 2017 年 27.5 万人が 2018 年には 31 万人と 3.5 万人増加しています。日本発着クルーズによる訪日旅客数は、2017 年 5.1 万人が 2018 年には 7.3 万人と 2.2 万人増加となっていますので、訪日クルーズ旅客の減少は中国発着クルーズの影響であることが認識できます。

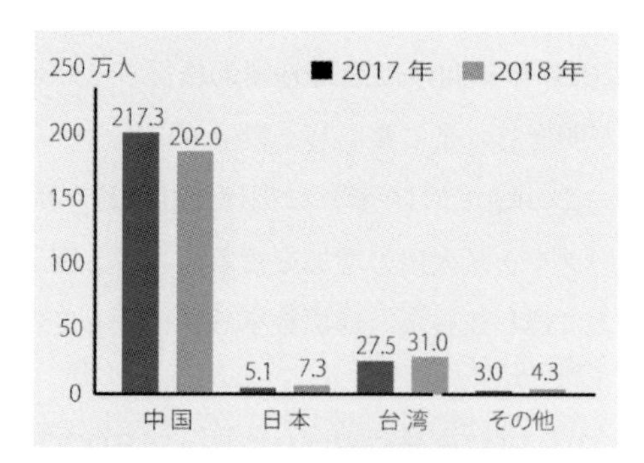

図 2-8　クルーズ船の出発国地域別の訪日クルーズの旅客数
（出所：国土交通省）

（4）　中国からの旅客数減少の要因

中国のクルーズマーケットは、2006 年の国際クルーズスタート時から年々著しい成長を遂げてきましたが、外国船社の中国配船増加に伴い中国国内の旅行会社間のクルーズ販売競争が激しくなり、クルーズ客を獲得するためのクルーズ料金ダンピング合戦が盛んに行われる状況となっていきました。

中国におけるクルーズ販売モデルは、旅行会社がクルーズ船運航会社（船社）からクルーズ船や船室を買い取るチャータービジネススタイルでした。チャータラーとしての旅行会社は、クルーズ船が大型化することで自社集客人数も増加するという集客リスクを負うことになります。この集客リスクをカバーするために、販売クルーズ代金をダンピングするという現象が起き、ダンピングが常態化していきました。

さらに、チャータラー旅行会社が船社と結んだチャーター契約には、最低集客人数の取り決めや集客不足の際の違約金条項を含めるケースもありました。旅行会社は船社への違約金支払いを避けるため、クルーズ代金は無料でも集客活動を続けなければならないという状況も発生することとなったのです。

中国マーケットの急成長を支えた旅行会社は、クルーズ旅客集客に疲弊し、クルーズ販売手法の大きな転換を求められることとなりました。中国のクルーズ産業は一時停滞の状況に陥ってしまったのです。このことが主要因となり、訪日クルーズ旅客数が減少する事態となりました。

2-6 コロナ禍のクルーズ停止と再開

(1) コロナ禍による日本のクルーズの停止

2019年末に発生した新型コロナはクルーズ500万人時代に向けた取り組みに急ブレーキをかけることとなりました。

2019年12月に中国湖北省武漢市から原因不明の肺炎の報告があり、新たな感染症への恐怖が広がっていた2020年2月、米国プリンセス・クルーズ社が運航するクルーズ船「ダイヤモンド・プリンセス」で新型コロナの集団感染が発生しました。連日報道されるニュースなどでクルーズ船と感染症への国民の関心が高まりました。

2020年3月に世界保健機関（WHO）が新型コロナのパンデミックを宣言したことに伴い世界各地に就航していた国際クルーズ船は、全船が運航停止を余儀なくされ、日本のクルーズも完全運航停止状態となってしまいました。

2020年5月14日、日本外航客船協会（JOPA）は「外航旅客船事業者向けの新型コロナウイルス感染症の感染拡大予防のガイドライン」を策定・発表しました。さらに、同年9月18日、5月に発表した外航旅客船事業者向けのガイドラインをベースとし、外航クルーズ船事業者に特化した「新型コロナウイルス感染予防対策ガイドライン」を公表しました。

それとともに、日本港湾協会が「クルーズ船が寄港する旅客ターミナル等における感染拡大予防ガイドライン」を公表し、「船舶」および「港湾」のガイドラインをベースに国内クルーズ再開に向けた準備が進められました。

(2) 国内クルーズの再開

日本のクルーズ船運航会社（日本船社）とクルーズ船を受け入れる港湾管理者を含めた地元関係者との間で協議が重ねられ、 2020年10月、日本の国際クルーズ船「にっぽん丸」と「飛鳥Ⅱ」による国内クルーズが再開されました。

運航停止から半年以上経過して再開したクルーズ船運航でしたが、日本国内での新型コロナ感染状況に応じクルーズ船の運航を停止せざるを得ない状況などがたびたび発生し、クルーズ船運航会社の経営は大打撃を受けました。

その後、日本社会全体が感染再拡大の抑制と社会経済活動の両立に向けた対応を取り、

表 2-6　新型コロナ発生以降のクルーズ関連の動き

年月	出来事
2019年12月	中華人民共和国湖北省武漢市から原因不明肺炎発生の報告
2020年 2 月	ダイヤモンド・プリンセスで新型コロナウイルス集団感染が発生
〃　3 月	世界保健機関（WHO）が新型コロナウイルスのパンデミックを宣言
〃　5 月	日本外航客船協会（JOPA）が「外航旅客船事業者向ガイドライン」を発表
〃　9 月	JOPA が外航クルーズ船事業者に特化した「ガイドライン」を発表
〃　10月	日本船社運航の国際クルーズ客船による国内クルーズが再開

国際クルーズ船による国内クルーズも円滑な運航状態を取り戻したのです。

(3)　国際クルーズの再開に向けて

2022 年 9 月 26 日、政府は新たな水際対策の緩和措置として「現在国際線を受け入れていない空港・海港について、今後の就航予定に応じ、地方公共団体等の協力を得つつ、個別港ごとに受入に係る準備を進め、これが整い次第、順次、国際線の受入を再開する」と発表しました。

これを受け、日本国際クルーズ協議会（JICC）が「国際クルーズ運航のための感染拡大予防ガイドライン（第 1 版)」を発表しました。また、日本外航客船協会（JOPA）が「外航クルーズ船事業者の新型コロナウイルス感染予防対策ガイドライン（第 8 版)」を、日本港湾協会が「クルーズ船が寄港する旅客ターミナル等における感染拡大予防ガイドライン（第 8 版)」をそれぞれ発表しました。

2022 年 11 月 15 日、政府が「新型コロナウイルス感染症対策の基本的対処方針」を発表するとともに、国土交通省が国際クルーズの運航再開を発表しました。これにより、2020 年 2 月から閉ざされていた国際クルーズ客船の寄港に関するクルーズ船運航会社と港湾管理者間の協議がなされ、国際クルーズ再開に向けた準備が進められることとなりました。

表 2-7　クルーズ再開の動き

年月	出来事
2022年 9 月	日本政府が国際クルーズ船を受け入れることを発表
〃　11月	国土交通省が国際クルーズの運航再開を発表
〃　12月	日本船社が国際クルーズ船再開第 1 船を運航
2023年 3 月	外国船社が運航する国際クルーズ船が再開第 1 船として清水港に入港
〃　5 月	新型コロナの位置付けが 2 類相当から 5 類に引下げ

(4)　国際クルーズの再開と回復に向けて

2022年12月15日、日本船の国際クルーズ再開の第1船として商船三井客船（現商船三井クルーズ）が運航する「にっぽん丸」が「モーリシャスクルーズ」に出航しました。

2023年3月1日、独フェニックスライゼン社運航の「アマデア」が外国船社が運航する国際クルーズ船の第1船として静岡県清水港に入港し、それ以降も多くの外国籍のクルーズ船が日本各地に寄港するところとなりました。

2023年5月8日、政府は新型コロナの位置付けを感染症法の2類相当から季節性インフルエンザと同じ5類に変更しました。これにより幅広い医療機関での受診が可能になり、外出自粛要請などの行動制限がなくなり、マスクの着用は個人の判断となりました。

政府は2023年3月31日に、新「観光立国推進基本計画」を発表しました。訪日外国人旅行消費額5兆円、国内旅行消費額20兆円の早期達成を目指すとするなかで「訪日クルーズの本格回復」に取り組むとしています。

具体的目標値として、2025年に①訪日クルーズ旅客をコロナ前ピーク水準の250万人、②外国籍のクルーズ船の寄港回数をコロナ前ピーク水準の2,000回、③外国籍のクルーズ船が寄港する港湾数をコロナ前ピークの67港から100港を目指すなどが示されました。

2-7　グローバル化を踏まえたクルーズ事業の拡大

日本のクルーズ事業者は、1989年のクルーズ元年から「日本人による日本人のための日本のクルーズ」構築を目指し取り組んできました。しかし、クルーズ拡大の道は険しく、世界クルーズの発展に比べ大きく水をあけられる状況下で今回のコロナ禍を迎えました。

大逆風のコロナ禍のなかで、日本のクルーズ事業者は、ポストコロナでのクルーズ拡大を図るため、世界潮流であるクルーズのグローバル化に向け取り組んでいます。

グローバル化に向けた日本船社の動きを表2-8に整理しました。

表2-8　グローバル化に向かう日本船社

年月	出来事
2021年3月	郵船クルーズがクルーズ客船「飛鳥 II」の後継新規造船計画を発表
2022年11月	商船三井が国際クルーズ客船2隻の新規建造方針を決定・発表
〃	日本クルーズ客船が2023年1月に客船事業終了を発表
2023年3月	商船三井が国際クルーズ客船の購入を発表
〃	商船三井がシニアエグゼグティブアドバイザーの起用を決定・発表

(1) 日本郵船グループの取り組み

2021 年 3 月、郵船クルーズはクルーズ客船「飛鳥 II」の後継船計画を発表しました。

新造するクルーズ客船は、ドイツの造船会社マイヤーベルフト(MEYER WERFT)と造船契約を締結し、総トン数 5 万 2,000 トン、乗客定員 740 人、環境負荷軽減などのため 3 種類の燃料(LNG、ガスオイル、低硫黄重油)に対応するエンジンを搭載し、全客室バルコニー付きのラグジュアリークラスとなっています。船内のレストランやカフェ、バーは 15 か所以上あり、船首に向いた展望露天風呂も備えるほか、Wi-Fi 機能も充実させ、ワーケーション需要にも応える施設を計画しています。

2023 年 9 月、船名「飛鳥Ⅲ」が発表され、併せて、船籍港が横浜港、「飛鳥Ⅱ」との 2 船運航になることが発表されました。

図 2-9 「飛鳥Ⅲ」 (提供:郵船クルーズ)

(2) 商船三井グループの取り組み

2022年11月、商船三井は国際クルーズ客船 2 隻の新規建造方針を決定、発表しました。

新造するクルーズ船は、第 1 船・第 2 船ともに総トン数 3 万 5,000 トン、乗客定員 600 人、乗組員 320 人を計画しており、ラグジュアリークラスのクルーズ船になります。新規建造船への総投資額は約 1,000 億円としていますが、建造造船所は未定です。2027 年頃に第 1 船の竣工を予定しており、第 2 船の竣工時期は未発表です。乗客は日本人のみならず外国人のインバウンド需要なども視野に入れている、としています。

2023 年 10 月、商船三井クルーズは新ブランド名を「MITSUI OCEAN CRUISES」

とすると発表し、新しく取得した「シーボーン・オデッセイ」の船名を「MITSUI OCEAN FUJI」とする、と発表しました。「MITSUI OCEAN FUJI 」は2024年12月に就航し、2025年4月～7月に100日間の世界一周クルーズを実施する予定になっています。

クルーズ船購入とあわせて、シニアエグゼクティブアドバイザーにアンソニー・カウフマン氏の起用を発表しました。カウフマン氏は、クルーズ事業に深い造詣と知見を有しており、ホーランドアメリカラインやプリンセス・クルーズで要職を歴任、プリンセス・クルーズによる日本発着クルーズ定着など日本向けインバウンド市場開発でも大きな役割を果たしました。

図2-10　新客船「MITSUI OCEAN FUJI」（提供：商船三井クルーズ）

(3)　日本クルーズ客船のクルーズ事業撤退

新しいクルーズ船の建造計画が発表されるなかで、日本クルーズ客船は2023年1月をもって客船事業を終了することを発表しました。

日本クルーズ客船は、1989年にクルーズ船運航会社を設立以来、「おりえんと びいなす」や「ぱしふぃっく びいなす」で長年にわたり日本のクルーズを支えてきました。しかし、2020年からのコロナ禍による経営打撃とともに、現在運航しているクルーズ船がまもなく船齢25年を迎えることにより、これに代わる新造船建造のための巨額の投資とその効果を考慮したうえでの経営判断により、クルーズ事業からの撤退を決めたといわれています。

図 2-11　高松港に停泊する「ぱしふぃっく びいなす」

第3章 クルーズ産業 ―構造と特徴

① クルーズの産業構成

3-1 クルーズ産業の構成

クルーズは、旅行形態のひとつで、船を使った旅行商品と認識するのが一般的ですが、観光や旅行の要素だけで捉えるのは、クルーズの一面だけを認識したに過ぎません。クルーズを観光や旅行の要素だけで捉えることは、クルーズの持つ幅広い社会的経済的効果を見間違えることに通じます。

クルーズは、「港湾（寄港地）」「船舶（海運）」「観光（旅行）」の３つの産業要素により成り立っています。それらの要素のそれぞれには多くの業種が存在しているため、クルーズ産業関係者はクルーズ産業の広がり全般を捉えたうえでそれぞれが直面する業務に当たることが重要といえます。

クルーズの３要素に関わる代表的な業態は、図 3-1 のとおりです。港湾・寄港地は、港湾管理者をはじめ港湾機能に直接関わる業種やクルーズ船の誘致、受け入れに関する業務に携わる人たちにより構成されています。

船舶・海運は、クルーズ船の建造・修繕やクルーズ船の運航およびそれに付随する業務に携わる人たちによって構成されています。

観光・旅行は、クルーズの販売や寄港地でのオプショナルツアーの造成・運営、ツアー

港湾：寄港地	港湾管理者
	地元自治体
	港湾振興協会、観光協会、DMO
	水先人、曳船、港湾作業会社
船舶：海運	船舶所有者（船舶管理会社）、運航会社
	造船会社、修繕会社
	船舶代理店
	船用品（食材・燃料・水など）手配会社
観光：旅行	旅行会社
	ツアー手配会社（ランドオペレーター）
	バス・ガイドなど

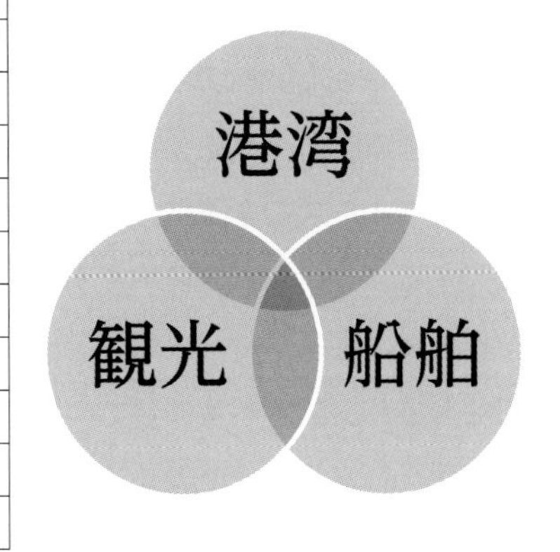

図 3-1　クルーズの３要素

のバスやガイドの手配などに関する業務に携わる人たちにより構成されています。

(1) クルーズ産業の上・中・下流

クルーズ産業は、多様な業種に及んでいます。それぞれの事業時点で携わる業務が変わり、クルーズ事業計画のスタート時からクルーズ船運航に至るまでの経過のなかで関わる業務を認識しておくことも、クルーズ産業を理解する上で大切です。

クルーズ産業を川の流れに例えると、上流が「事業計画スタート時」、中流が「事業開始時」、下流が「就航時」に該当します。それぞれの段階で行うべきことは、下記のとおりです。

① 事業計画スタート時（上流）

1）船舶分野：クルーズ船建造、運航会社設立、乗組員確保、運航計画立案など

2）港湾分野：港湾整備など

3）観光分野：クルーズ商品の販売網確立など

② 事業開始時（中流）

1）船舶分野：クルーズ商品造成、船舶代理店網確立など

2）港湾分野：クルーズ関連施設の検討・整備、受入体制確立など

3）観光分野：クルーズ商品販売、寄港地ツアー手配など

③ 就航時（下流）

1）船舶分野：船舶分野での船体メンテナンス、船用品補給、乗組員管理など

2）港湾分野：岸壁確保、入出港手配、寄港時の歓送迎など

3）観光分野：クルーズ商品販売、寄港地ツアー催行など（中流から継続）

(2) クルーズ産業の形成

わが国のクルーズは、①日本の造船所が日本籍クルーズ船を建造し、②日本法人の運航会社がクルーズ船を運航し、③日本の旅行会社が日本人を対象とするクルーズ旅行商品を販売する、という形で日本を基盤としたクルーズ事業を開始しました。

その後、国際クルーズ産業の成長とともに、わが国のクルーズ規模が拡大・多様化したこともあり、国内産業としてのクルーズ事業から国際産業としてのクルーズ事業へとの転換が図られました。いまでは日本籍クルーズ船の海外造船所での建造、外国籍船による日本発着クルーズの運航、外国人旅客との混合乗船など、わが国のクルーズ産業はグローバル化された国際産業として形成されています。

一方で、中国は2006年に外国船による国際クルーズビジネスに参画しました。翌

図 3-2　中国の青島クルーズターミナルに停泊するクルーズ船

2007 年には中国社会でのクルーズ産業の成長を見据え、産業形成には「人材育成が要」との観点から、上海工程技術大学にクルーズコースを設けてクルーズ産業人材育成を開始しました。さらに、海外クルーズ運航船社の中国事務所誘致、クルーズ商品を販売する旅行会社育成、発着対応のクルーズ専用ターミナル整備、クルーズ船を建造できる造船所の立ち上げ、中国籍のクルーズ船建造、中国法人であるクルーズ運航会社設立など、クルーズ全般にわたる産業形成に積極的に取り組みました。その結果、中国のクルーズ産業は大成長を遂げました。このことは、クルーズを産業として捉えるのか単なる観光として捉えるのかにより、その先に広がる産業領域が大きく変わることを示唆しているようです。

② クルーズ産業の特徴

3-2 クルーズは供給主導型産業

市場経済の法則のひとつとしての需要と供給は、バランスを重視しながら需要が先か供給が先かなどの議論がなされます。社会一般では、需要予測が見込まれるので供給を検討する需要主導型が標準ですが、クルーズ市場は供給（クルーズ船隻数 / 定員数）が需要（クルーズ人口）を掘り起こす供給主導型産業と位置付けられています。

クルーズ産業を拡大するには供給元であるクルーズ船を就航させることを先行し、その結果として需要としてのクルーズ人口を増加させる、との考え方に立っています。

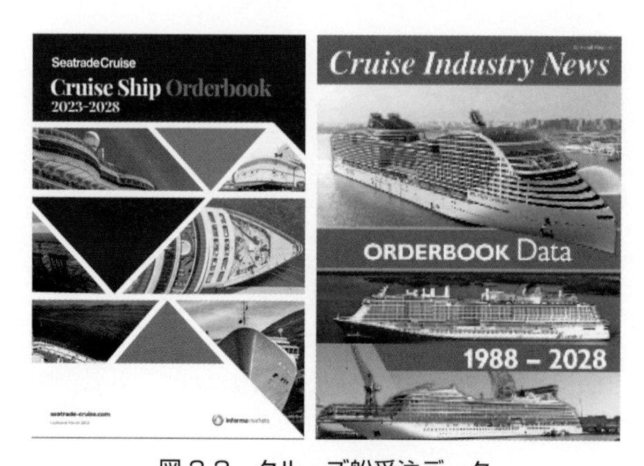

図 3-3　クルーズ船受注データ
シートレードクルーズ社（左）とクルーズインダストリーニュース社（右）

(1)　クルーズ人口予測は供給データをベースに行われている

クルーズ産業の今後の見通しに関しても、クルーズ旅行需要の先行き変化を予測する手法ではなく、クルーズ船の総隻数や総定員などの供給規模に応じたクルーズ需要数を推察する手法が用いられています。

世界のクルーズ産業統計などを発表しているクルーズライン国際協会（CLIA）やクルーズインダストリーニュース社、シートレードクルーズ社による今後のクルーズ人口見通しも、彼らが入手整理した新造船発注数に基づいて、今後のクルーズ産業規模を推察、発表しています。具体的には、現在就航しているクルーズ船と今後建造される新造船の旅客ベッド総数（総定員数）に予想年間航海数を掛けて「年間キャパシティー」を算出し、その年間利用者数をクルーズ人口として推算しています。

(2)　装置産業

クルーズ産業は、装置産業ともいわれています。装置産業とは、一般的には巨大な設備・装置を持ち、巨額な資本投下が必要な石油化学産業などを指します。クルーズ産業もサービス提供（クルーズ旅行）のために巨大な装置（クルーズ船）を要し、設備の規模（船の大きさや定員）が競争力に直結します。十分な装置や設備（クルーズ船）を整えればそれだけで一定の成果・収益が期待できるので装置産業のひとつと位置付けられています。

図 3-4　鹿児島港に入港するクルーズ船

東京ディズニーランドなどのテーマパークも装置産業と捉えることができます。

世界で活躍する国際クルーズ船社が、クルーズビジネスを供給主導型の装置産業と捉え、積極的な経営姿勢でクルーズ船を供給し続けたことが、クルーズ産業を短期間で急成長させた最大要因であるといわれています。

これは港湾サイドにも現れています。日本の港湾もクルーズ船の大型化を先取りし、全国津々浦々で港湾整備を進めたことにより、日本全国に150を超える「クルーズポート」が整備されました。年間3,000回に及ぶほどの寄港利用回数と年間250万人を超える訪日クルーズ旅客を迎え入れることにつながりました。

需要が期待できるから供給を図るとの考え方が主流であるなかで、供給が需要を掘り起こすとの考え方に立つ国際クルーズ産業の成長がいつまで続くのか、注意深く見守りたいところです。

3-3　クルーズはグローバル産業

1960年代後半に登場したクルーズ産業は、国や地域などの境界を越えて地球的規模で社会的経済的に結びつくグローバル化を基盤に成長し続けています。

(1)　国際クルーズビジネスの代表的モデル

国際クルーズ船は、さまざまな国々に寄港・運航しているだけではなく、近年の国際クルーズビジネスの代表的モデルにもなっています。例えば、

A国を基盤とする投資ファンドが、

B国でクルーズ船を建造し、

C国に建造クルーズ船の船籍を置き、

D国を含めた世界各地からの船員を雇用し、

E国のクルーズ船社に運航を委託する。E国のクルーズ船社は、

F国を発着するクルーズスケジュールを作成し、

G国の人々を中心にクルーズ商品を販売し、世界各地からの旅客を集め、

H国をはじめ世界各地からのサプライチェーンを活用し、国際クルーズ船を運航する、というケースです。

表3-1　近年の国際クルーズビジネスの代表的事例

船舶所有者	A国
造船所	B国
船　　籍	C国
船員雇用	D国
運航会社	E国
運航国地域	F国
乗船旅客	G国
サプライチェーン	H国

この国際クルーズビジネスの姿こそが、「クルーズはグローバリズムをベースとしたグローバル産業である」ことを示しているのです。

(2)　グローカルな取り組み

「Think globally, act locally」（地球規模で考え、足元から行動せよ）という言葉があります。グローバル産業化している国際クルーズ船を受け入れる港湾は、「わが町・地域」をベースにしていますが、クルーズ船の受け入れを行う関係者は「クルーズをグローバル（Global）な視点で捉え」「地域でクルーズ船を受け入れるというローカル（Local）な活動を併せ持つ」（グローカル／ Glocal）ことが重要になります。

特に、最近の国際クルーズ船社は、国際的課題となっているサステナビリティ（持続可能性）を重要な経営取り組みとしています。コロナ禍以前に問題となっていた寄港地でのオーバーツーリズムについても、「クルーズは管理できる旅行手段であり、寄港地関係者との連携により、地域コミュニティのサステナビリティに責任をもって立ち向かう」としています。

クルーズ船を受け入れる港湾・地域サイドも、「サステナブルなクルーズ船受け入れ」について、これまで以上に積極的に検討する必要があるのです。

第４章　クルーズの現況

世界のクルーズの現状と推移

4-1　世界のクルーズ人口

30 を超える欧米大手クルーズ船社が加盟する国際業界団体「クルーズライン国際協会(CLIA)」は、毎年春に世界のクルーズマーケットに関するさまざまなデータを公表しています。世界レベルで見たクルーズ市場全体の規模、北米・欧州・アジアといった地域別の市場概要、マーケットトレンドを含めた最新動向、当該年の新造船就航予定数などが公表されています。

「世界のクルーズ人口」について、CLIA の過去 10 年程度のデータを踏まえてグラフ化したものが、図 4-1 になります。グラフからもわかるとおり、クルーズの需要は堅調に伸びてきましたが、2019 年 12 月に発生した新型コロナウイルス感染症（以下、新型コロナ）の世界的な感染拡大を受けて、世界のクルーズ船運航会社が営業運航を一斉に休止したことから、同年と 2021 年にクルーズのマーケットは大きく減少しました。しかし、感染防止策が浸透するにつれて落ち着きを取り戻し、欧米では 2021 年夏から営業運航が順次再開され、2022 年には 2,000 万人の大台を回復しました。

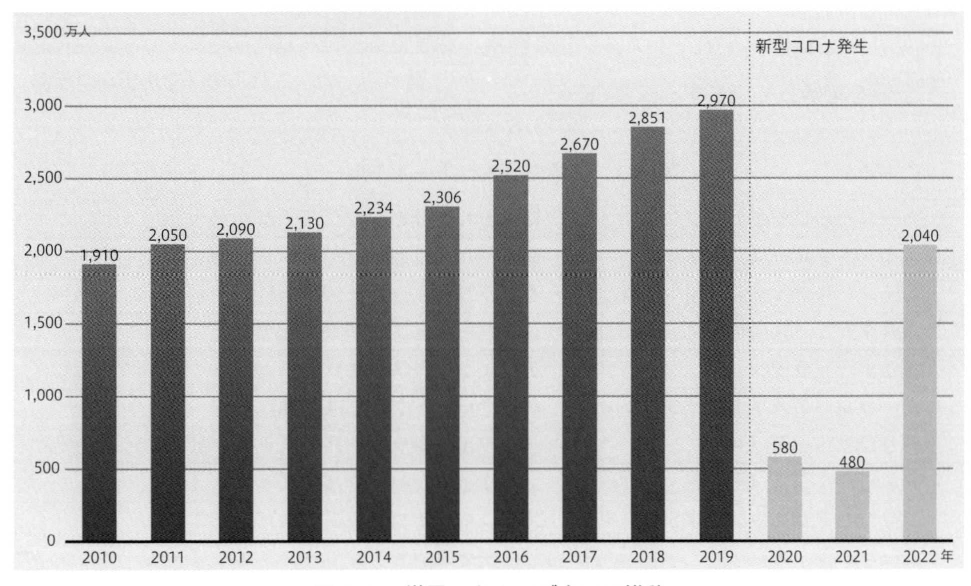

図 4-1　世界のクルーズ人口の推移

CLIA が 2023 年春にまとめたマーケット予測では、2023 年は 3,150 万人、2025 年は 3,720 万人、2027 年には 3,950 万人の市場規模に達すると推定しています。

4-2 世界のクルーズグループ

（1） 世界の３大クルーズグループ

北米でレジャー、バケーションとしての「クルーズ」が登場して半世紀あまりになります。クルーズ船を運航する船会社は、当初、移動手段として事業展開していた定期船の運航会社が鞍替えした例や、貨物船を運航している海運企業の子会社などの参入などから始まりました。現在でもこうしたルーツを持つクルーズ船社は少なくありませんが、この 10 年ほどはホテルやリゾート運営会社、航空会社など異業種からの参入が目立っています。

2023 年春の時点で、欧米を中心にクルーズ船運航会社（船社）は 100 社を超えるといわれています。運航配下船が１～２隻から数隻という中小規模の船社は、本拠を置く地域に根差した企業が多いのですが、欧米に本社を構えながらアジアや日本配船なども手掛ける大手船社は「グループ化（系列化）」されていることが多いようです。クルーズ船運航会社をグループに分けると以下のようになります。

① **カーニバル**：北米、欧州、豪州にオペレーター（クルーズ船運航会社）９ブランドを展開する世界最大のクルーズ企業です。米国のマイアミと英国のサウサンプトンに本拠を置き、９ブランドの戦略全般を統括しています。

図 4-2 カーニバルの「マルディグラ」

表 4-1 世界の３大クルーズグループ

① カーニバルコーポレーション
アイーダクルーズ（独）
カーニバルクルーズライン（米）
コスタクルーズ（伊）
キュナードライン（英）
ホーランドアメリカライン（米）
Ｐ＆Ｏクルーズ（英）
Ｐ＆Ｏクルーズ（豪）
プリンセスクルーズ（米）
シーボーン（米）

② ロイヤルカリビアングループ
ロイヤルカリビアンインターナショナル（米）
セレブリティクルーズ（米）
シルバーシークルーズ（モナコ）
ＴＵＩクルーズ（独）
ハパクロイドクルーズ（独）
③ ノルウェージャンクルーズラインホールディングス
ノルウェージャンクルーズライン（米）
オーシャニアクルーズ（米）
リージェントセブンシーズクルーズ（米）

② **ロイヤルカリビアン**：北米と欧州で５ブランドを展開する世界第２位のクルーズ企業です。22万総トン級のクルーズ船やLNGと燃料電池を装備するハイブリッド船など、話題のフリート（船隊）を積極的に投入しています。

③ **ノルウェージャン**：北米で３ブランドを展開する世界第３位のクルーズ企業です。

以上の３大クルーズグループのほかにも、スイスのMSCクルーズやフランスのポナンなどもグループ化を図っています。

(2)　世界の大手クルーズ船運航会社（オペレーター）と運航配下船

欧米、オセアニア、アジアなどで運航されているクルーズ船は、400隻とも500隻ともいわれています。先のコロナ禍を受けて解撤（スクラップ）された船もありますが、環境配慮型の運航を重視した新造船の就航も相次ぎ、近年は世代交代の流れが加速しそうな気配もあります。

図4-3　MSCクルーズの「ベリッシマ」

2023年夏の時点で、３大クルーズグループのクルーズ船運航会社（オペレーター）の運航配下船は、表4-2のとおりです。100隻近いカーニバルが群を抜いていますが、運航ベースでは世界最大のクルーズ船（22万総トン級）を運航するロイヤルカリビアンインターナショナルが26隻を抱えて世界最大船社といえます。

３大グループ以外では、スイスのMSCクルーズ（22隻）、米国のウインドスタークルーズ（６隻）などが多くの運航配下船を抱えています。

表4-2　３大グループの運航会社と運航配下船の隻数

①　カーニバルコーポレーション	92
アイーダクルーズ（独）	12
カーニバルクルーズライン（米）	25
コスタクルーズ（伊）	9
キュナードライン（英）	3
ホーランドアメリカライン（米）	11
Ｐ＆Ｏクルーズ（英）	7
Ｐ＆Ｏクルーズ（豪）	3
プリンセスクルーズ（米）	15
シーボーン（米）	7

②　ロイヤルカリビアングループ	67
ロイヤルカリビアンインターナショナル（米）	26
セレブリティクルーズ（米）	15
シルバーシークルーズ（モナコ）	14
ＴＵＩクルーズ（独）	7
ハパクロイドクルーズ（独）	5
③　ノルウェージャンクルーズラインホールディングス	29
ノルウェージャンクルーズライン（米）	18
オーシャニアクルーズ（米）	6
リージェントセブンシーズクルーズ（米）	5

4-3 世界のクルーズエリア

世界のクルーズエリアと市場規模

クルーズは、全世界で 3,000 万人を超える大きなマーケットに成長しました。確定したデータがあるコロナ禍前の 2019 年の実績をエリアごとに見ると、北米が最大のマーケットで全体の半数を超える 52%です。次いで欧州が全体の４分の１程度の 26%、中国をメインとするアジア 13%、オセアニア５%と続きます。

図 4-4　サンフランシスコに停泊するクルーズ船
北米のクルーズが大きなマーケット

2006 年から国際クルーズ市場に新規参入した中国は、その後に大きく成長し、複数の欧米大手クルーズ船運航会社（船社）が新規航路を開設しました。北米や欧州を上回る年間成長率を記録し、北東および東南アジアを巡るクルーズはメジャーとなりました。ただ、2020 年春のコロナ禍で３年にわたり国際クルーズに対して門戸を閉ざしたため、図 4-5 の内容とは異なり、2023 年春の時点ではアジアのマーケットのボリュームは大きく落ち込んだままになっています。

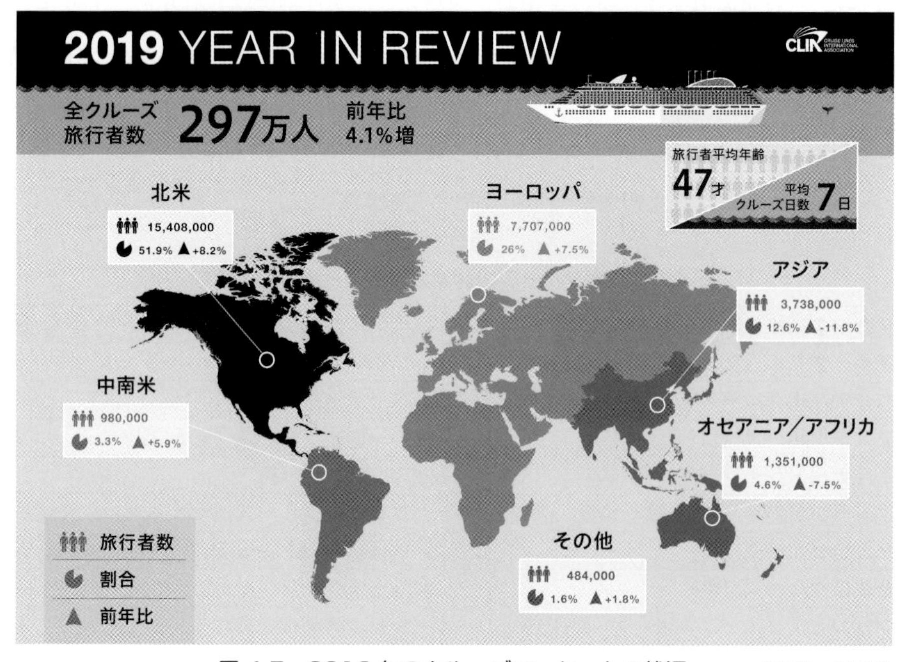

図 4-5　2019 年のクルーズマーケットの状況　（出所：CLIA）

4-4 日本のクルーズ人口

日本のクルーズ人口の推移

日本のクルーズ人口の統計データは、国土交通省が1年に1度の頻度で発表しています。1989年から公表していますが、当時15万人余りだった市場規模は、2019年には35万人に増加しています。その間、日本籍のクルーズ船の就航、引退などで市場は増減を繰り返しましたが、外国籍のクルーズ船による日本近海周遊が始まった2013年以降は多少の増減はあるものの20万人台で推移し、2017年には30万人台に達しました。

それぞれのクルーズを利用する日本人乗客数の推移を図4-6、図4-7に示します。

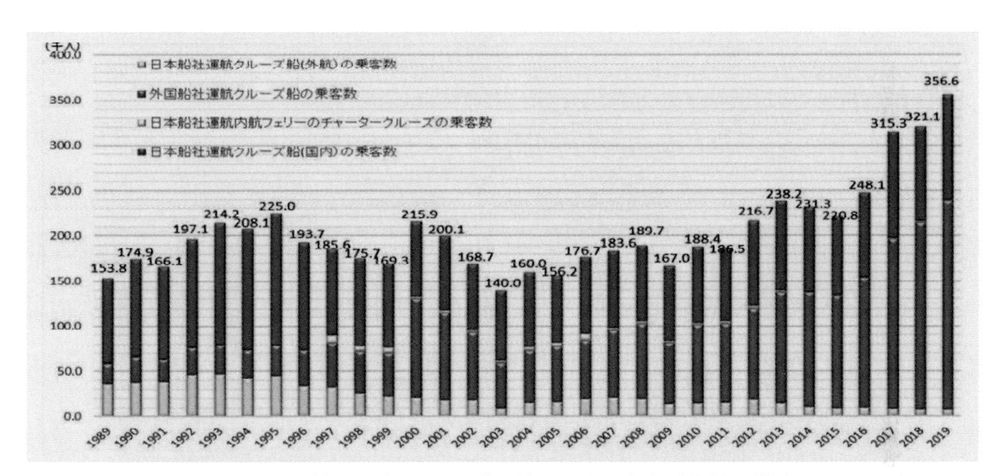

図4-6　外航・国内クルーズを利用する日本人乗客数の推移（出所：国土交通省）

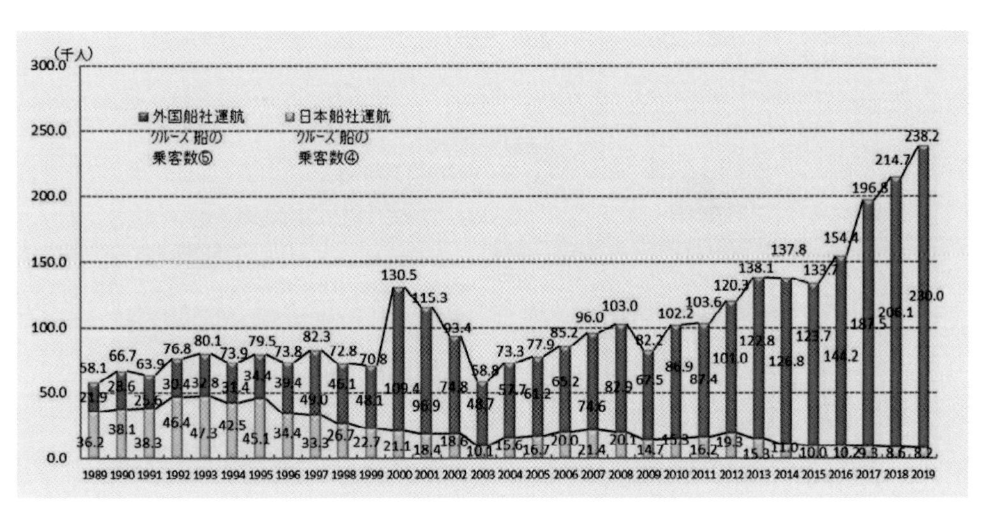

図4-7　外航クルーズを利用する日本人乗客数の推移　（出所：国土交通省）

クルーズ船の寄港と訪日クルーズ旅客

4-5 日本港湾への寄港数

日本の港に来航するクルーズ船は、「飛鳥Ⅱ」「にっぽん丸」といった日本籍のクルーズ船（日本船）と、「ダイヤモンド・プリンセス」や「クイーンエリザベス」などの外国籍のクルーズ船（外国船）に区分されます。

図 4-8　港に停泊する「にっぽん丸」（上）と長崎港に停泊する「クイーンエリザベス」
（写真上、提供：商船三井クルーズ）

中国発着で日本への寄港を盛り込んだクルーズが少なかった2013年までは1,000回程度でしたが、2016年以降は急速に増加し、ピークの2018年には3,000回に迫る寄港回数となりました。

外国船社と日本船社が運航するクルーズ船の寄港回数を、それぞれ下記のとおり表4-3、表4-4に示します。

表4-3　外国船社が運航するクルーズ船の寄港回数　（出所：国土交通省）

順位	2013年		2014年		2015年		2016年		2017年		2018年		2019年	
	港湾名	回数	港湾名	回数	港湾名	回数	港湾名	回数	港湾名	回数	港湾名	回数	港湾名	回数
1	石垣	59	博多	99	博多	245	博多	312	博多	309	博多	263	那覇	251
2	那覇	41	長崎	70	長崎	128	長崎	190	長崎	262	那覇	236	博多	205
3	長崎	35	石垣	69	那覇	105	那覇	183	那覇	217	長崎	215	長崎	178
4	横浜	32	那覇	68	石垣	79	石垣	91	石垣	129	平良	142	石垣	146
									平良	129			平良	146
5	博多	19	横浜	48	鹿児島	51	平良	84	—	—	石垣	105	—	—
6	神戸	18	神戸	32	神戸	42	鹿児島	80	鹿児島	98	佐世保	105	鹿児島	95
7	広島	16	小樽	31	横浜	37	佐世保	62	佐世保	82	鹿児島	96	横浜	87
8	鹿児島	16	鹿児島	29	佐世保	34	横浜	40	八代	65	横浜	70	佐世保	77
9	大阪	12	函館	27	広島	25	広島	34	横浜	57	神戸	66	神戸	63
10	境	12	釧路	21	大阪	18	神戸	32	境	56	広島	44	大阪	57
	その他	113	その他	159	その他	201	その他	335	その他	609	その他	571	その他	627
	合計	373	合計	653	合計	965	合計	1443	合計	2013	合計	1913	合計	1932

表4-4　日本船社が運航するクルーズ船の寄港回数　（出所：国土交通省）

順位	2013年		2014年		2015年		2016年		2017年		2018年		2019年	
	港湾名	回数	港湾名	回数	港湾名	回数	港湾名	回数	港湾名	回数	港湾名	回数	港湾名	回数
1	横浜	120	横浜	98	横浜	88	横浜	87	横浜	121	ベラビスタマリーナ【広島県】	122	横浜	101
2	神戸	83	神戸	68	神戸	55	神戸	72	神戸	73	横浜	98	ベラビスタマリーナ【広島県】	100
3	東京	36	名古屋	27	名古屋	30	名古屋	31	名古屋	30	神戸	70	神戸	68
4	名古屋	32	博多	16	東京	15	東京	17	ベラビスタマリーナ【広島県】	28	宮島	62	宮島	42
5	二見【東京都】	29	二見【東京都】	15	博多	14	博多	16	東京	19	福山	48	大三島	31
									宮島	19				
6	博多	19	東京	13	宮之浦	13	宮之浦	14	—	—	大三島	37	名古屋	30
7	那覇	15	宮之浦	13	仙台塩釜	11	広島	13	博多	17	倉橋漁港	29	福山	26
											名古屋	29		
8	宮之浦	14	那覇	12	小樽	10	小樽	11	宮之浦	15	—	—	博多	24
9	小樽	11	小樽	10	那覇	10	函館	11	二見【東京都】	13	金風呂漁港	25	笠島漁港	23
									福山	13				
10	青森	11	仙台塩釜	10	青森	9	二見【東京都】	10	—	—	直島	24	直島	17
					秋田	9	那覇	10						
	その他	258	その他	269	その他	225	その他	282	その他	403	その他	473	その他	472
	合計	628	合計	551	合計	489	合計	574	合計	751	合計	1017	合計	934

4-6 日本のクルーズ船寄港地

日本のクルーズ船寄港地

四方を海に囲まれた日本は、北は北海道から南は九州・沖縄まで数多くの港を抱えています。クルーズ船が寄港する港は 2019 年実績で「142」あります。そのうち、10 万総トン級を超える大型の外国船を受け入れることが可能な港は 50 に満たないのですが、近年は小型エクスペディション船に代表されるスモールシップや 3 万から 4 万総トン級のラグジュアリー船の日本寄港が増え、日本海側や瀬戸内海、離島などにも外国船が寄港するようになっています。

また、外国船の寄港が少なかった 2013 年ごろまでは、日本船が拠点を置く横浜や神戸が寄港回数の 1 位と 2 位を独占し、日本を代表するクルーズポートといわれていました。

しかし、中国発着の外国船の日本寄港が急増すると、地政学上の優位性なども手伝って沖縄や九州の港が上位を占めるようになりました。沖縄では那覇、石垣、平良（宮古島）が、九州では博多、長崎、鹿児島、佐世保などが寄港回数のベストテンに顔を出すようになっています。

図 4-9　那覇港のクルーズターミナル

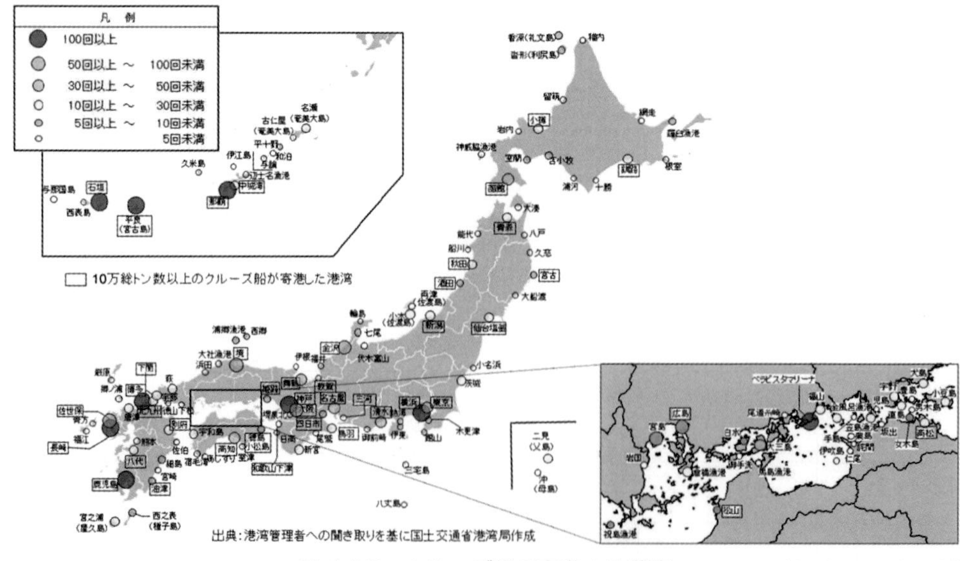

図 4-10　クルーズ船の寄港する港湾　（出所：国土交通省）

図 4-11　長崎港に入港するクルーズ船

4-7 国際クルーズ拠点の形成

官民連携による国際クルーズ拠点の形成

中国発着で日本寄港をメインとした北東アジア周遊クルーズが急増した2015年以降、日本の港湾では大型のクルーズ船を受け入れる岸壁が次第に逼迫してきました。そのため、貨物船が接岸する施設を臨時利用するなどの事態に直面しました。

そこで、「国際クルーズ拠点」として、国が指定した港湾で民間による受け入れ施設の整備を進めるために、「港湾法」が改正されました。

2017年７月に「官民連携による国際クルーズ拠点を形成する港湾」の第１次指定が行われ、2019年３月までに計３回の指定があり、関東・中部・九州・沖縄の計９港が「国際クルーズ拠点港湾」となりました。対象の港湾は、横浜港、清水港、佐世保港、八代港、本部港、下関港、那覇港、鹿児島港です。

指定港は、外国クルーズ船社などと連携して旅客ターミナルや周辺のインフラを整備しました。また、岸壁や航路などは国の支援で当該の船社の船舶を受け入れが可能なレベルまでに拡充されました。

連携する船社は施設整備などの資金負担を求められましたが、その見返りとして岸壁の優先利用などのインセンティブが付与されています。

■国際クルーズ拠点として国が指定した港湾において、民間による受入施設整備を促す。
（平成29年通常国会における港湾法の一部改正により制度創設（平成29年7月8日施行）。）

<現状>

① 急増するクルーズ船の受入施設が不足、貨物ヤードでの旅客受入も発生

② クルーズツアーは1年以上前からの販売も多いが、岸壁の優先予約の仕組みがなく、ツアー造成に支障

③ 岸壁を長期優先使用できるなら、自ら旅客ターミナルビル等を整備する意欲を持つ船社が出現

【新たな制度の概要】

国が指定した港湾において、港湾管理者とクルーズ船社との間で、以下の内容の協定を締結できる。
・港湾管理者はクルーズ船社に岸壁の優先的な使用を認める
・船社は旅客施設を整備し、他社の使用も認める

受入拠点の形成を図る港湾を国が指定

・岸壁の整備状況、クルーズ船社との連携の度合い、クルーズ旅客の見込み数等を総合的に勘案して、国が指定

港湾管理者がクルーズ拠点の形成計画を作成

・将来の外航クルーズ旅客の受け入れ目標、ターミナルビル等の施設の整備概要、官民の役割分担等を内容とする受入拠点形成計画を港湾管理者が作成
→計画に基づく工事の許可等の特例を措置

港湾管理者が民間事業者と協定を締結

・港湾管理者はクルーズ船社に長期の岸壁優先使用を認める
・クルーズ船社等は形成計画に沿って旅客施設を整備するとともに、自社の利用しない日には他社の使用を許容する
→クルーズ船社等の地位を引き継いだ承継者にも協定の効力が及ぶ規定を創設
→クルーズ船社等が所有する旅客施設の利用料金が著しく不適切な場合等における港湾管理者による変更命令を規定

【官民の連携による拠点形成のイメージ】

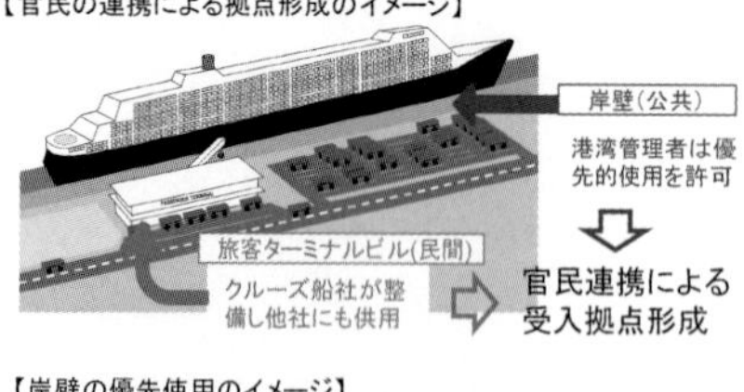

【岸壁の優先使用のイメージ】

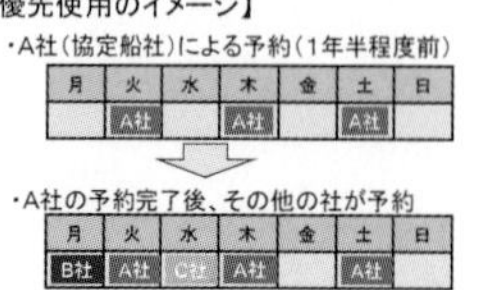

・A社(協定船社)による予約(1年半程度前)

月	火	水	木	金	土	日
	A社		A社		A社	

・A社の予約完了後、その他の社が予約

月	火	水	木	金	土	日
B社	A社	C社	A社		A社	

【政府目標】

訪日クルーズ旅客2020年500万人に向けたクルーズ船受入れの更なる拡充（日本再興戦略2016）

図4-12　官民連携による国際クルーズ拠点を形成する港湾の状況（出所：国土交通省）

4-8 訪日クルーズ旅客

(1)　訪日クルーズ旅客数の推移

クルーズ船で日本に入国した外国人旅客数（訪日クルーズ旅客数）は、2017年がピークで253万人となっています（図4-13）。これは、2015年から急増した中国発着の日本寄港クルーズが大きく影響しているものと思われます。ただし、欧米大手船社の中国配船に陰りが見えてきた影響で、2018年、2019年は、やや減少傾向が見られました。季節別では4月から10月の観光シーズンに合わせた訪日が多くなっています。

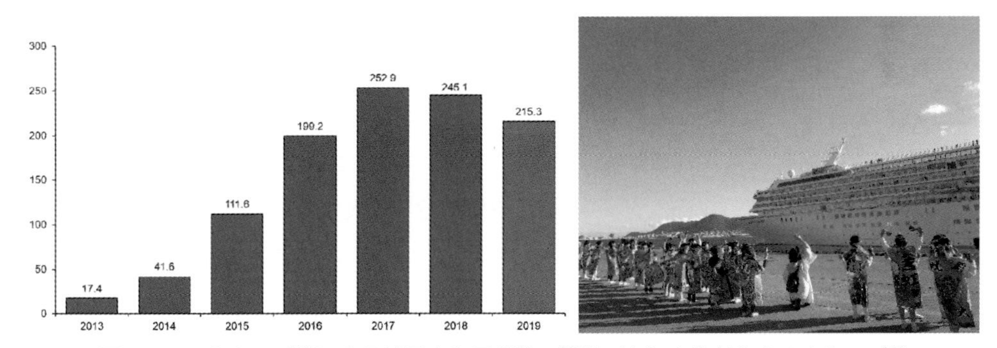

図4-13　クルーズ船による外国人入国者数の推移（左）と海外からのクルーズ船

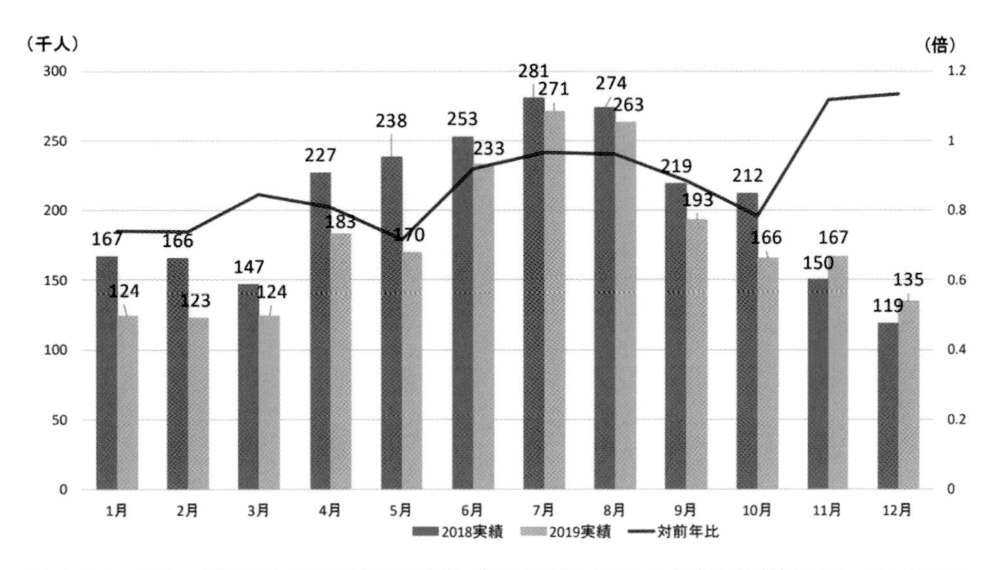

図4-14　クルーズ船による外国人入国者数（2018年/2019年各月比較）（出所：国土交通省）

(2) 出発国・地域別の旅客数

2015年から急増した中国発着の日本寄港クルーズを受けて、訪日クルーズ旅客の国別内訳は中国が群を抜いて多くなっています。図4-16から一目瞭然ですが、訪日クルーズ旅客が245万人に達した2018年の場合、中国からのクルーズ客は全体の83%を占め、次いで台湾が11%となっています。2019年（215万人）は、中国が全体の81%と多少比率は落としましたが、2位の台湾は13%で、まだ遠く及びませんでした。

図4-15 クルーズ船で到着した中国人旅行者

訪日クルーズ旅客の8割を占める中国人客を発地別にみると、2018年は上海などの中部が全体の55%、天津に代表される北部が15%、香港や厦門などの南部が13%となっています。

翌2019年をみると、上海などの中部が全体の42%と大きく減少した一方、天津に代表される北部が21%、香港や厦門などの南部は15%と、2018年実績よりも増加しています。

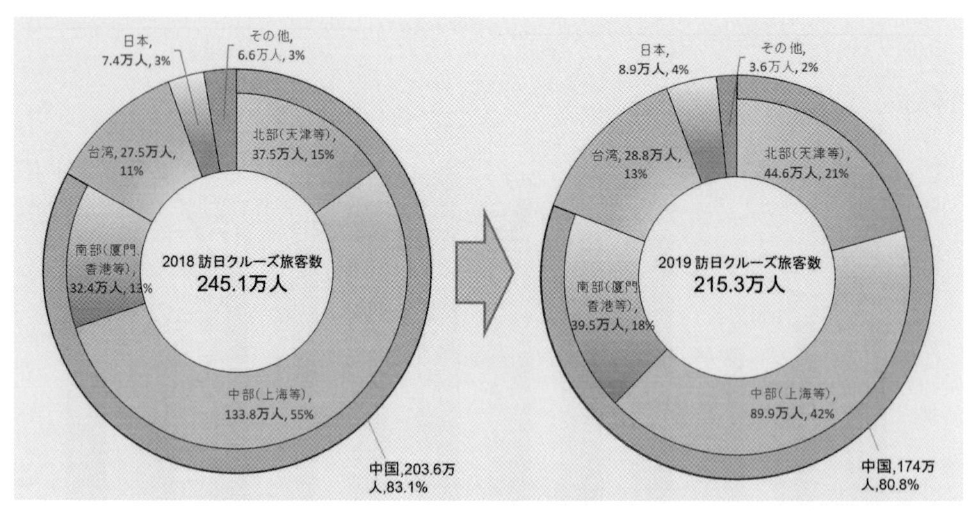

図4-16 外国船社の運航するクルーズ船の出発国・地域別訪日クルーズ旅客数
（出所：国土交通省）

第5章　クルーズ船誘致と関連組織

① クルーズ船の誘致

5-1　クルーズ船誘致の基本

（1）　自港のことを知る

国内外のクルーズ船を「自港に誘致しよう」と考え、実際の誘致活動をしている港湾および観光関係者は、年を追うごとに増えています。その動きが顕著になってきたのは、21世紀になってからですから、まだ二十数年の歴史しかありません。

では、自港に誘致する目的とは何でしょうか。港周辺の賑わい創出、乗客らの消費を中心とした経済効果、あるいは既存の港湾施設の利活用促進などが考えられます。その理由はさまざまですが、基本的な事項を整理してから誘致活動をはじめる必要があります。以下に、留意したいポイントをまとめます。

①　自港の地理的な位置を把握する

背後圏に大都市がある、駅に近い、空港に近い、外国に近い　など

②　クルーズ船が接岸可能な岸壁の「基本スペック」を確認する

岸壁延長、水深、係船柱と防舷材の強度、エプロン幅、ターミナルの有無　など

③　接岸するまでの航路などの現況を把握する

航路幅、回頭水域、防波堤、静穏度、夜間の航行規制　など

④　背後地の主な観光資源を整理する

港から徒歩圏内にある観光地、観光バスで90分圏内にある観光地　など

⑤　乗客や乗組員の消費を誘発する施設を確認する

土産物店や食事処を含めた商店街までの距離、大型ショッピングセンター　など

上記の①～⑤を整理することにより、クルーズ船が自港に寄港した場合のメリット、デメリットを客観的に把握することができます。これらを考慮し、整理することで、「寄港地に対してどのようなニーズを持つ乗客、クルーズ船を誘致するか」が決まってきます。

クルーズ船はカジュアルからラグジュアリーまで、さらに小型探検船から20万総トンを超える超大型船までありますし、乗客の嗜好や船社が寄港地に求めるものも大きく異な

図 5-1　クルーズ船が停泊する横浜の新港ふ頭

自港をよく知ることが、効率的なクルーズ船誘致につながる。写真は、横浜の新港ふ頭客船ターミナルに停泊するクルーズ船（上）、ターミナルのバス待機場の後方に映るランドマークタワーとみなとみらいの観覧車（中）、複数の店舗が展開するターミナル内の様子とクルーズ船をつなぐ岸壁の係船柱と防舷材（下）

ります。これらの留意したいポイントを理解・整理できれば、誘致するターゲットを決めやすくなるのではないでしょうか。

(2)　誘致ターゲット（クルーズ船社）を知る

（1）の内容を参考に、自港の地理的な位置づけや基本的な港湾スペック、寄港地観光に盛り込むことができる施設などが把握できると、国内外のクルーズ船運航会社（船社）にアピールすべき「セールス・ポイント」の内容が決まります。

次に考えることは、自港のセールス・ポイントと船社が寄港地に求めるもの（ニーズ）とが合致するか、を精査することになります。

一例をあげると、各地の素晴らしい自然の景観などを楽しみにしている乗客が多い船社に対して、寄港先の歴史や文化の魅力などをいくら訴求しても誘致には結び付きません。また、岸壁延長が200メートル、水深は7.5メートルで、10万総トン級のクルーズ船の寄港が難しいにもかかわらず、それらの大型船をメインに運航している船社に対して誘致活動を何年続けても、結果はついてきません。

一方、クルーズ船社の社内組織についても、ある程度把握しておく必要があります。いくら熱心に誘致活動をしても、キーパーソンや担当部署にきちんとアプローチしなければ、成果は期待できません。クルーズルート（配船先やクルーズスケジュール）を選定するセクションはどこなのか、寄港地観光の企画造成に中心的役割を果たしているセクションはどの部署かなど、誘致活動の前に船社組織について下調べしておくことが重要です。

自港の現実を知り、船社の運航船と乗客の嗜好をきちんと把握することは、無駄な誘致活動に時間を費やすことなく、「効率的な誘致活動を進めることを可能にし、実際の成果を手にする可能性を高める第一歩」と考えるのがよいでしょう。

図5-2　クルーズ船を迎えて賑わう寄港地（左）と外国人観光客（右）
自港のセールスポイントと船社が寄港地に求めるニーズの合致が重要

5-2 具体的な誘致活動

(1) 日常的な取り組み

国内外のクルーズ船を誘致するには、海外にある船社の本社を訪問したり、船社の幹部らが多数集まる国際クルーズコンベンションに参加するなどの活動がメインではありません。実は、地道な日々の活動の積み重ねが結果的に船社とのネットワーク構築につながるのです。面会や打ち合せなどを重ねることで、だんだんと両者の信頼関係が醸成され、結果として寄港獲得という成果となって表れてくるのです。定期的な船社（日本法人、支店など）訪問や地元情報の継続的かつ定期的な提供などといった活動は、地味ではありますが、典型的な日常的な取り組みともいえます。その成果が、いつ、どのような形で現れるかは明確ではありませんが、こうした活動を通してこそ、寄港の獲得という成果につながるのです。

(2) 各種招聘事業

コロナ禍以前は、日本の港湾や観光関係者が、いろいろな形でセールスイベントを行っていました。寄港地の選定や寄港地ツアーの企画造成に携わる船社のキーパーソンやランドオペレーターの幹部らを複数名を地元に招いて、港だけではなく、近隣の観光地や食事場所を視察してもらう「ファムツアー」が盛んに行われていました。なかには、外国クルーズ船社の本社にアプローチし、海外からの渡航費用や日本滞在期間中の費用を負担してキーパーソンを招聘するといった事例も決して珍しくありませんでした。

港湾管理者や地元の観光関係者が使うことができる「予算」の多寡にもよりますが、一般的には国内のキーパーソン招聘を手始めに、数年に一度程度、海外からの招聘を検討する港は少なくありません。日中の明るい時間帯には現地視察や地元有力者との面談をメインに行い、夕食時には首長などを交えた意見交換の親睦会を開催します。こうした活動を数日から1週間ほど繰り返すことで、寄港地としての自港をアピールするのです。この活動について、「確かに即効性が大いに期待できるものだった」と振り返る港湾関係者も多いようです。

図 5-3　船社などキーパーソンを招いた「ファムツアー」

(3)　クルーズセミナー、商談会

招聘事業に関連して、あるいは、それらの活動と併催する形で実施することが多い具体的な誘致活動に、地元関係者を対象とした啓蒙型の「クルーズセミナー」と「商談会」があります。啓蒙型のセミナーでは地元の誘致や受け入れ関係者らを対象に、船社が考えている「寄港地に求めるもの」や当該船社のクルーズの特長などを学び、具体的な誘致活動と次回以降の寄港時の「もてなし」などに役立ててもらおうとするものです。

一方、商談会はさらに踏み込んだ取り組みで、地元観光関係者らと船社、ランドオペレーターなどが対面式で意見交換する直接的なセールスの場となります。寄港地観光で盛り込む可能性がある観光施設やレストラン、交通機関などの担当者が、最新情報やトピックスなどを直接対面で伝えることができる場の提供は、寄港獲得に向けた即効性が期待できるだけでなく、ネットワーク構築にも資することになります。それだけに、これからもさまざまな港湾で開催されていくことは間違いないところです。

図 5-4　商談会の様子
地元観光関係者と船社らが直接面談してアピールできる「商談会」はネットワーク構築にも役立つ

(4)　国際クルーズコンベンション

欧米の大手クルーズ船社の社長や会長といった幹部クラスが多数参加し、その年のマーケット展望を語り合い、今後のクルーズ戦略についてディスカッションする国際会議が「クルーズコンベンション」です。その多くは会場内などに「トレードショー（見本市）」を併設し、世界各国の港や観光関係機関、船社にサービスや物品を販売したい企業などが「ブース」を出展します。毎年春に米国マイアミなどで開かれる「シートレード・クルー

図 5-5　国際会議、トレードショーの様子

ズ・グローバル」には日本の港湾関係者も参加します。また、欧州で行われる「シートレード・クルーズ・ヨーロッパ」や「シートレード・クルーズ・メッド」などは良く知られているイベントです。

これらイベントに参加した港湾関係者は、「毎年参加できる自治体は、そう多くはない。職員の派遣コストも決して安くはないし、参加したからといって結果がすぐに現れるものでもない。ただ、○○港はクルーズ船の誘致と受け入れに積極的に取り組んでいるということを、欧米大手クルーズ船社などに積極的にアピールできる場であることは確かだ」とコメントしています。

5-3 クルーズ船誘致のタイムスケジュール

日本寄港のクルーズ造成の流れを、日本船と外国船の別にまとめると表5-1のようになります。船社の判断によって大きく前後する場合がありますので、あくまでも参考として整理しました。

クルーズ船誘致のタイムスケジュール

① 日本船の場合

日本船の場合、おおむね１年～１年半前に配船海域の検討を始めます。世界一周などのロングクルーズを実施する場合には、さらに早い時期から検討を始めます。

クルーズスケジュールと寄港地が決定したのち、寄港地ツアーについて検討します。

表５-1 クルーズ造成の流れ

業務の流れ	日本船	外国船
① 寄港地検討、調査、クルーズスケジュールの決定	６か月～１.５年前	２～３年前
⬇		
② クルーズ商品発表、クルーズ商品販売開始	６か月～１年前	１～２年前
⬇		
③ 寄港地ツアーの検討、調査	６か月～１年前	１～２年前
⬇		
④ 寄港地ツアーの決定、手配	４・５か月～１年前	１～２年前
⬇		
⑤ 寄港地ツアーの販売開始、予約受付	３～６か月前	１～２年前
⬇		
⑥ 寄港地ツアー実施（寄港日）	—	—

②　外国船の場合

外国船の場合、おおむね２～３年前に配船海域の検討を始めます。船社によっては、これよりも早く検討を始めることもあります。クルーズスケジュールと寄港地が決定した後に、寄港地ツアーについて検討するのは日本船と同様です。

日本船に比して、外国船は検討を開始する時期がかなり早いことがわかります。このため、外国船を誘致する場合には、クルーズスケジュールの決定時期を考慮しながら、タイムスケジュールに余裕をもって取り組むことが大切です。

クルーズ船誘致は、日本船も外国船も、船社の配船やクルーズスケジュールの決定の時期を考慮しながら検討していきますが、誘致活動がすぐに配船につながるわけではありません。すぐに実を結ばなくても、先を見据えながら誘致活動を継続していくことが重要になります。

図 5-6　日本に寄港する外国のクルーズ船

鹿児島港に停泊する「クイーンエリザベス」（上）、大黒ふ頭に停泊する「MSC ベリッシマ」（下・左）と横浜新港ふ頭に向かう「セブンシーズ エクスプローラー」（下・右）。外国船は、２～３年前から配船海域の検討に入る

5-4 クルーズの誘致組織

(1) 全国クルーズ活性化会議

全国レベルでクルーズ振興や誘致に係る必要な情報の共有、意見交換を行うとともに、各地域に共通する課題の解決を図ることにより、港を通じた地域振興や経済の活性化などに資することを目的に発足しました。

毎年開かれる総会では、前年度のクルーズ振興に関する各種活動を振り返り、事例研究として先進的な施策を推進する港などを紹介しています。そのほか、港湾管理者が取り組む振興策を支援するよう求める「わが国におけるクルーズの振興に向けた要望書」を国土交通大臣らに提出しています。これまでの総会で決議し、その後に手交された「要望書」に盛り込まれた内容の一例は以下のとおりとなっています。

① 円滑なクルーズ旅客受入のための CIQ 体制の強化（CIQ 関係省庁、国土交通省）
② 地域経済効果の最大化に向けた支援（国土交通省）
③ クルーズ関連港湾施設と受入設備の充実に対する戦略的・重点的な予算の確保と整備の推進（国土交通省）
④ 国内外へのクルーズプロモーションに対する支援（観光庁、日本政府観光局、国土交通省）
⑤ 船舶航行安全対策に対する支援（国土交通省）

（第 12 回総会後に手渡した要望書：2023 年 8 月 2 日手交から）

図 5-7 全国クルーズ活性化会議の様子

発足：2012 年 11 月 7 日
2023 年 8 月現在　会長：久元喜造・神戸市長、副会長：小樽市長、青森県知事、横浜市長、富山県知事、静岡県知事、広島県知事、香川県知事、長崎県知事、鹿児島県知事、沖縄県知事（那覇港管理組合管理者）、会長、副会長ともに任期は原則 2 年
オブザーバー：日本旅行業協会（JATA）、全国旅行業協会（ANTA）、日本外航客船協会（JOPA）、日本観光振興協会、国際観光振興機構（日本政府観光局、JNTO）、日本国際クルーズ協議会（JICC）、国土交通省（国土政策局、海事局、港湾局、観光庁）

(2)　各地の誘致協議会

日本全国の港を抱える地方自治体で「国内外のクルーズ船を誘致しよう」という動きが一般的になってきました。「○○港客船誘致協議会」などの名称で活動している組織や団体は珍しくありませんが、その歴史はそう古くはありません。一部の港を除いて、多くの港湾関係者がクルーズ船の誘致に力を入れ始めたのは、ここ20年ほどというのが実情です。

もともとは、単独港湾で始まった誘致協議会ですが、ここ十数年の間に複数港が参画する誘致組織ができたり、中央官庁が旗振り役となって北海道や関西、九州といったエリア単位でクルーズ船の誘致と受け入れなどに取り組んだりする動きも見られるようになりました。以下、代表的な2つの組織を簡単に紹介します。

①　クルーズながさき

日本の港湾関係者の中で、クルーズ船の誘致や受け入れに関係する最も古い組織といわれているのは、長崎県の「国際観光船受入委員会」と「国内観光船受入委員会」です。長崎港でのクルーズ船受け入れ態勢を整える目的で、50年以上前の1971年に設立されました。名称からもわかるとおり、「国際観光船受入委員会」は外国籍船と邦船社の外航クルーズ、「国内観光船受入委員会」は邦船社の内航クルーズに対応してきました。

委員会設立から三十数年後、2006年から2008年にかけて欧米の大手クルーズ船社による日本寄港を中心とした中国発着の北東アジア周遊クルーズが増え始めました。すると、中国に近い「地の利」や「ショッピング」という新たな魅力を武器に、博多港や鹿児島港などが人気寄港地として台頭し、長崎港は戦略の変更を余儀なくされることとなりました。そこで、長崎県では、2009年春、外国船が利用する松ケ枝岸壁の延伸工事完了に合わせ、県内の7市が参画する新たなクルーズ船誘致組織「クルーズながさき」（長崎県クルーズ振興協議会）を設立したのです。

図5-8　長崎港に停泊するクルーズ船

② 清水港客船誘致委員会

かつて「日本で最も有名な客船」といわれたクルーズ船が「クイーンエリザベス2(QE2)」です。1990年2月23日の同船の初寄港を発端として、同年4月に誘致組織を立ち上げたのが、静岡県の清水港です。

30年以上の歴史をもつ「清水港客船誘致委員会」は、初めて清水港に来航した外国客船を一目見ようと訪れた市民らによって港周辺がひときわ賑わいを見せたことを重視し、「にぎわいの港づくり」を進める県や市の方針とも合致することから、民間主導でスタートしました。ポリシーを変えることなく、現在も活動を展開する数少ない誘致組織の草分けといえます。

発足当初から海外セールスに力を入れ、コンテナなど物流の港としてアピールしてきた清水港の新たな一面を紹介する良い機会ともなりました。日本のランドマークである富士山や艶やかな和服の女性、春の桜を上手に活用した誘致手法などは、現在のインバウンド人気を先取りした「極めて先進的な取り組み」と評価されています。

図5-9 清水港に停泊する「にっぽん丸」

(3) クルーズ船誘致に向けた広域、複数港連携

前項で説明したとおり、国内外のクルーズ船を誘致する際には、単独港湾で取り組むケースのほか、任意団体に参加して自己研鑽と情報収集に努める、意見交換をする、などの事例があります。こうした活動や取り組みに加えて、複数の港あるいは広域連携した上でクルーズ船社にアプローチする例があります。

複数港連携では、①近隣港湾が一体となって取り組む(県単位など)、②ある程度の距

離を置いた港湾が連携する、③北海道や北陸など「エリア」内の港が連携して対応する、などの事例があります。また、近年では、④歴史や食といった「テーマ」をよりどころに連携した誘致を図ろう、といった試みも見られます。一例をあげると、以下のような組織があります。

① 近隣港湾が一体となって取り組む（県単位など）

・関門港クルーズ振興協議会：北九州市、下関市

② ある程度の距離を置いた港湾が連携する

・環日本海クルーズ推進協議会：小樽港、秋田・船川・能代港、伏木富山港、京都舞鶴港、境港

・クルーズせとうち：神戸港、高松港、宇野港、広島港、北九州港、別府港

③ 「エリア」内の港が連携して対応する

・九州７市港湾連携：下関市、北九州市、福岡市、佐世保市、八代市、別府市、日南市

④ 歴史や食といった「テーマ」をよりどころに連携した誘致

・薩長土肥クルーズ会議：大阪港、下関港、高知港、唐津港、鹿児島港

このような、広域または複数港連携では、注意すべきポイントがあります。それは、港湾連携を進めていくなかで、「クルーズ船社あるいは乗客のメリットは何か」を明確にしておくことです。

こうした港湾連携の場合、参画する港湾関係者の思いはそれぞれ「熱いもの」がありますが、連携から生まれるであろう船社や乗客のメリットが「置き忘れられる」ことが少なくないようです。その意味では、連携する意義を明確にした上で、参画港湾に寄港する数々の利点をわかりやすく明示することを忘れてはいけません。

図5-10　誘致のためのクルーズ会議・セミナーの様子

クルーズの関係機関

5-5 クルーズ関係機関　CLIA／JOPA／JICC

(1)　クルーズライン国際協会（CLIA）

CLIA（Cruise Lines International Association：クリア）は、世界最大のクルーズ業界団体です。業界の統一した意見を発信しており、政策決定者や利害関係者にも強い影響力を持っています。

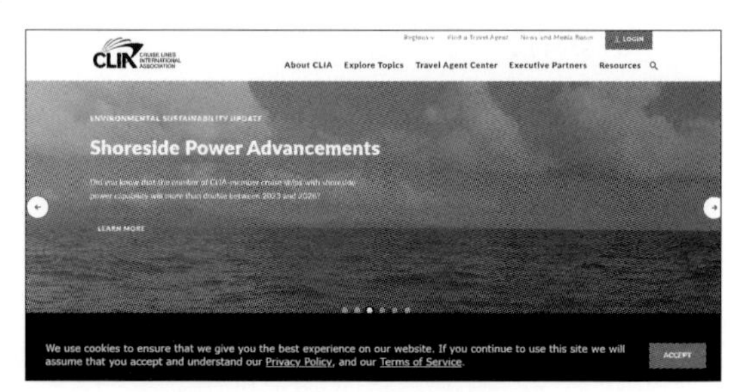

図 5-11　CLIA の WEB サイト

通常のクルーズから特殊クルーズまでを運航する 50 以上のクルーズ船運航会社（船社）が加盟しています。これらの船社は、世界のグローバルクルーズ供給能力の 95% 以上を占めており、さらに、350 以上の産業が参画しています。この中には主要サプライヤー、港湾、寄港地、造船などの運航、クルーズ業務に関わる多くの事業者が含まれています。

また、15,000 社の大手旅行会社、54,000 の旅行代理店と提携し、年間 3,000 万人以上のクルーズ旅客にサービスを提供しています。

CLIA は、米国のワシントン DC にグローバル本部があります。そのほか、南北アメリカ、欧州、オーストラリア・アジアの各地に 7 つの地域オフィスを置いています。

CLIAの主な使命は以下のとおりです。(https://cruising.org/en/about-the-industry/about-clia)

① 世界のクルーズ業界の利益を代表する。

② グローバル組織としてクルーズ業界の共通の利益を擁護、教育、促進することで、メンバーの成功を促す。

③ メンバー、パートナー、提携企業を代表して、安全、健全な持続可能なクルーズの実施に向けた環境を整備し、年間 3,000 万人を超えるクルーズ旅客に快適な船旅を提供する。

(2)　一般社団法人 日本外航客船協会（JOPA）

JOPA（Japan Oceangoing Passenger Ship Association：ジョパ）は、外航客船事

業を行う日本企業を社員とする一般社団法人です。

2023年4月現在、社員8社（会員7社、準会員1社）で、クルーズ船運航会社（船社）、旅行会社、港湾管理者、造船会社等の賛助会員50社となっています。

正会員には、日本籍のクルーズ船「飛鳥Ⅱ」を運航する郵船クルーズや「にっぽん丸」を運航する商船三井クルーズなどが名を連ねています。JOPAの使命と主な活動は、以下のとおりです。

① 安全運航対策や利用者保護制度の整備などを通じて、安全で快適な船旅を実現するとともに、船旅の魅力を多くの皆様に知っていただくための広範な啓蒙活動を行う。

② 「ゆとりの時代」に相応しい新しいレジャーとしての船旅のわが国への定着と、それを支える客船事業の一層の振興を目指す。

③ 2002年度から地方におけるクルーズ振興のための協議会の設立活動を開始、2003年度からは旅行会社の社員を対象とするクルーズアドバイザー認定制度を日本旅行業協会（JATA）等と共同でスタートさせた。また、2006年度には日本船旅業協会（JASTA）を統合し、事業活動の範囲も拡大している。(https://www.jopa.or.jp/)

(3)　日本国際クルーズ協議会（JICC）

JICC（Japan International Cruise Committee：ジック）は、国際クルーズ船を運航する外国籍のクルーズ船運航会社（外国船社）の日本法人または日本駐在の支店、事務所等を正会員としています。

国際クルーズに携わる関係会社、販売総代理店（GSA）、旅行会社、船舶代理店、ランドオペレーターなどが準会員として参加する協議会です。

正会員には、プリンセスクルーズやキュナードが属するカーニバルジャパン、MSCクルーズジャパン、NCLジャパン、ポナン、シルバーシークルーズなどが名を連ねています。

JICCの使命と主な活動は、以下のとおりです。

① 国際クルーズ船の日本発着・寄港を活発化し、日本におけるクルーズの振興、地方創成に寄与する。

② 日本周辺における新たなクルーズ開発等に取り組み、COVID-19の感染拡大以前のクルーズ船利用者数を目指して、クルーズ関係者の結集により日本周辺を含むクルーズの魅力を世界に発信する。

③ 各業種連携のプラットフォームとして情報共有など相互連携の場を形成する。

④ 魅力的なクルーズ商品造成のベースとなる寄港地及び周辺海域の魅力を探し発信できるよう港湾・地域との有効な連携を図っていく。(https://www.wave.or.jp/)

5-6 クルーズ関連の情報収集

(1) CRUISE PORT GUIDE OF JAPAN

「寄港の検討に必要な情報が不足しており、それらを一元的に提供して欲しい」という外国クルーズ船社らのニーズに応えるために2014年に開設されたサイトです。日本各地の港湾施設情報や寄港地近郊の最新観光情報を提供し、寄港地の多彩な魅力を発信することにより、海外からのクルーズ船寄港に結びつけ、地域の活性化を図ることを目的にしています。

情報の検索は、日本地図から北海道・東北といった「エリアごと」で探すほか、世界遺産や都市の港・離島の港、季節のイベントーなどの「条件」を設定して絞り込むことができます。また、花火大会や祭りなど、港周辺で行われるイベントの検索も可能です。

図5-12 「CRUISE PORT GUIDE OF JAPAN」WEBサイト

（出所：国土交通省）

(2) クルーズ振興のためのワンストップ窓口

国土交通省港湾局では、国際クルーズ船の寄港促進に向けた取り組みの一環として、関係各省庁と連携し、主に海外クルーズ船社からの日本寄港に関するさまざまな問い合わせに一元的に対応する「クルーズの振興のためのワンストップ窓口」を設置しています。

【クルーズコンタクト窓口】（国土交通省港湾局産業港湾課内）

E-mail：hqt-cruise_contact@gxb.mlit.go.jp
電話番号：03-5253-8678
情報提供ＨＰ：http://www.mlit.go.jp/kowan/index.html（日本語）
　　　　　　　http://www.mlit.go.jp/en/kowan/index.html（英語）
受付時間：平日9：30～18：15
※クルーズ船社（代理店含む）、港湾管理者、自治体が対象で一般の問い合わせ不可

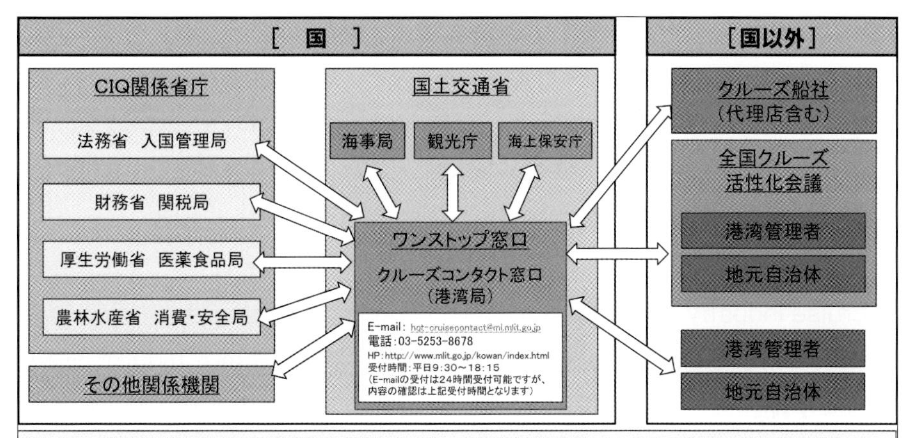

※クルーズ船社（代理店含む）、港湾管理者や自治体が、クルーズの振興に係る問い合わせ窓口が分からずお困りの場合、上記のクルーズコンタクト窓口にお問い合わせ下さい。
※連絡先が判明している場合には、窓口を通さず直接御連絡いただいても構いません。
※本窓口は、上記のクルーズ船社（代理店含む）、港湾管理者や自治体を対象としており、個人等からの問い合わせは受け付けていません。
※関係機関との正確な情報共有及び確実に回答をお届けするため、お問い合わせはメールでお願いします。
※クルーズコンタクト窓口では、関係行政機関との情報共有・連携を図り、港湾局または担当する関係行政機関から回答します。
※本窓口では、入港やCIQに係る申請そのものの受付は行いませんのでご注意下さい。
※クルーズ振興に係る地方への問い合わせについては、「全国クルーズ活性化会議事務局（電話：045-671-7237、E-Mail：kw-jcpa@city.yokohama.lg.jp）」に直接お問い合わせ頂いても構いません。

図 5-13 「クルーズ振興のためのワンストップ窓口」の概要　（出所：国土交通省）

(3) Seatrade Cruise News

米フロリダや欧州などで「国際クルーズコンベンション」を幅広く展開する英シートレードクルーズ社は、イベント事業のほかに情報出版事業も行っており、クルーズ業界の関係者らを主な購読者層とした季刊誌（3・6・9・12月）「Seatrade Cruise Review」を発行しています。

また、タイムリーな業界最新情報を報じるネット系メディアとして「Seatrade Cruise News」を月曜日から金曜日に配信しています。以下、「Seatrade Cruise News」のホームページ（https://www.seatrade-cruise.com/）から媒体特長を抜粋します（原文は英語）。

「主要なトレンド、企業、人々に焦点を当てた、世界のクルーズ業界で重要なニュースをお届けします。アメリカ、ヨーロッパ、アジア、オーストラリア、中東の経験豊富な特派員チームによって執筆されたシートレード・クルーズ・ニュースは、港と寄港地、船舶、建造者、サプライヤー、運航、規制、持続可能性関連の記事に重点を置いています」

図 5-14 「Seatrade Cruise News」WEB サイト　（ホームページから）

「世界のクルーズ業界の発展を形作る主要な

財務および市場のストーリーも取り上げています。シートレード・クルーズ・ニュースの特派員は、経営、テクノロジー、財務、規制など、業界の主要な発展について詳しく報道し、分析データも提供します。これらは、クルーズ船のオーダーブックや、ビジネスに影響を与える主要な問題に関する「白書」などの独占的な無料ダウンロードによって補足されます」

(4)　Cruise Industry News

「Seatrade Cruise News」と並ぶ業界メディアに、米国の Cruise Industry News 社が発行する季刊誌「Cruise Industry News Quarterly」（4・7・10・12 または 1 月発行）があります。また、タイムリーな業界最新情報を報じるネット系メディア（原則として毎日更新）「Cruise Industry News」を配信しています。ここ５年ほどはアジア、特に中国に関する情報が早いことなどが大きな特長です。

以下、同社のホームページ（https://cruiseindustrynews.com/）から媒体特長を抜粋します（原文は英語）。

「Cruise Industry News Quarterly は、クルーズ業界レポートの大手雑誌であり、世界中の最新ニュース、トレンド、舞台裏の展開をカバーしています。独占的なインタビューと調査により、クルーズ業界の当面の課題からビジネス戦略、成長の可能性まで、業界のあらゆる側面をカバーしています」

「四半期ごとの『Cruise Industry News Quarterly』では、新造船、設計、修理、改修に加え、海洋とホテルの運営、コンプライアンス、新技術、飲食、人事、採用、訓練、安全、環境保護、港湾などを取り上げています」

「また、業界ニュースの年次報告書は当社唯一のもので、新造船の発注から需要供給シナリオに至るまで、世界中のクルーズ業界を紹介しています。さらに、関連する問題、財務結果、新造船および中古船の価値、造船、新技術、船内サービス、航海地域に関する　独占レポート、クルーズ船社、造船所、港、サプライヤーのディレクトリもあります」

図 5-15 「Cruise Industry News」WEB サイト　（ホームページから）

(5)　クルーズニュース（みなと総合研究財団）

カリブ海やアラスカ、地中海といった世界的に有名なクルーズ海域から、日本は地理的に遠い位置にあります。しかも、クルーズマーケットは最盛期の2019年でも36万人足らずと、世界マーケットから見るとまだまだ小さな規模に過ぎません。そのため、一般旅行者向けの雑誌はありますが、欧米のようなメジャーな業界メディアは残念ながらなきに等しい状況です。こうした状況をふまえて、みなと総合研究財団（みなと総研：WAVE）のクルーズ総合研究所では、2019年5月からホームページに「クルーズニュース」の掲載をスタートしました。ニュースの更新頻度は週に1～2回ほどですが、日本のクルーズ業界関係者に役に立つ、あるいは「世界の業界動向として発信する必要がある」ニュースなどを日々収集し、掲載しています。

ニュース・ソースは国内外のクルーズ船社、造船所、港湾、関連業界団体などがホームページに掲載している「ニュースリリース」をベースとしていますが、みなと総研のオリジナルの情報として業界キーパーソンの取材に基づく記事も随所で発信しています。

（https://www.wave.or.jp/cruise/cruisenews_index.html）

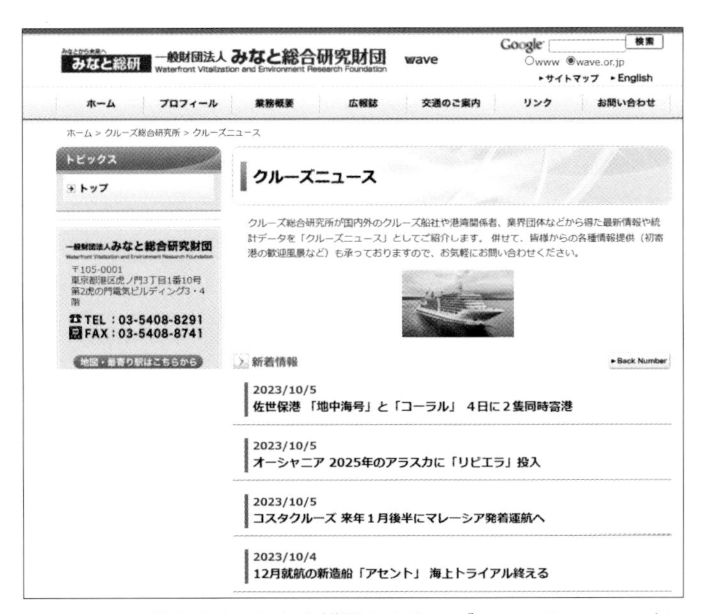

図5-16　みなと総研のクルーズニュース　（ホームページから）

第6章 クルーズ船の寄港受け入れ

① クルーズ船の寄港と受け入れ

6-1 受入体制の確立

（1） 寄港決定後から受け入れまで

港湾関係者らによる誘致活動の成果として国内外のクルーズ船寄港が決まった後、次に考えなくてはならないことが「クルーズ船の円滑な受け入れ」であり、「安心・安全な本船入港」となります。受け入れ側の港では、寄港当日の気象・海象状況について情報収集しながら、航路や港内の安全を考慮した上で着岸を待つこととなります。

図 6-1 港で出迎えをうけるクルーズ船
寄港が決まってから受け入れ、出港まで準備作業は連綿と続く

しかし、寄港決定から当日までの数か月間（場合によっては2年以上）に受入関係者が準備しなければならないことは数多くあります。具体的な事例を挙げれば、以下のような項目です。

① 寄港時の岸壁レイアウト、人（乗客ら）と車両の動線確認、周辺の警備
② 乗客数、乗員数の確認
③ 自港での下船客および乗船客の数
④ 寄港地観光で利用する予定の観光バスの台数
⑤ 自由行動する乗客向けシャトルバス、タクシーの手配
⑥ 岸壁での歓送迎行事、もてなし、観光を含めた各種案内デスク、地元物産品の販売
⑦ CIQ（税関、入出国管理、検疫）関連＝ファーストまたはラストポートの場合

（2） 受入協議会の活用

（1）のような寄港受け入れに関わる各種準備は、そのすべてを港湾管理者自らが取り組むものばかりではありません。受け入れに際しては、地元の船舶代理店、寄港地観光を取り扱うランドオペレーター、ツアーで訪問する観光施設や大型商業施設、バス会社・タクシー会社、保健衛生当局、CIQなどの関係者が、それぞれの担当分野で責任をもって

対応することになります。その際、各港が組織化している「○○港クルーズ船受入協議会」などを有効活用し、寄港決定報告から事前準備、当日の受け入れ態勢などについて、適宜話し合いながら進めていくのが一般的な流れです。

この場合、寄港するクルーズ船が「日本籍か外国籍か」「国内クルーズか国際クルーズか」、海外からやってくる「ファーストポートか、そうではないか」などによって、事前準備の体制も取り組み方も変わってきます。いずれにしても、CIQを含めて日ごろから受入関係者らが良好な人間関係をつくっておくことが肝要となるのです。

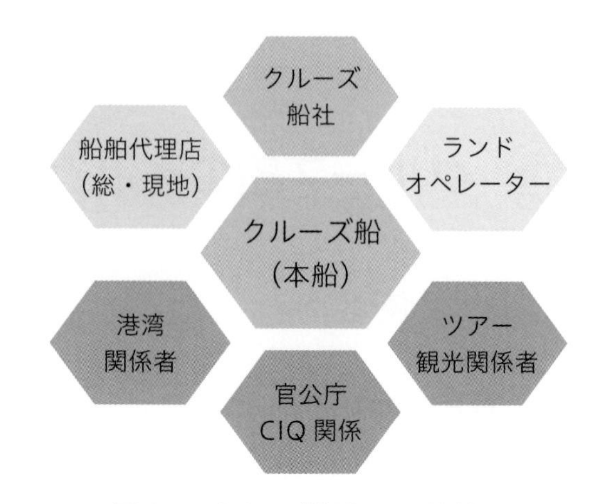

図 6-2　クルーズ船受入れの体制
各港が組織化している「受入協議会」などを有効活用し、事前準備から当日の受入体制まで話し合いで決めることが重要

(3)　一部関係者との事前調整

(2) では、寄港受け入れに関わる各種準備は、船舶代理店やランドオペレーター、観光施設、大型商業施設、バス・タクシー会社、保健衛生当局、CIQなどの関係者が、それぞれの分野で責任をもって対応することを説明しました。しかし、こうした関係者の一部には、クルーズ船の寄港によって自らの「仕事」に少なからず影響を受ける業種があります。

例えば、10万総トンを超える超大型のクルーズ船を受け入れる場合、接岸可能な専用岸壁がない港湾では、コンテナ船やバルク船が利用する岸壁を使ってクルーズ船を受け入れることになります。それとは反対に、1万総トン未満の小型エクスペディション船の寄港に関しては、港内または沖合いに錨泊してテンダーボートなどを使って乗客らが上陸するケースがあります。前者の場合は、貨物船の荷役を担当する地元物流事業者らと、後者の場合は地元の漁業組合などと「事前調整」が必要です。場合によっては寄港するクルーズ船をも巻き込んだ、さらなる微調整が求められる例もあります。調整する際の最大のポイントは、地元関係者の仕事に与える影響を極小化することと、下船して来る乗客らの安全を確保することです。時間をかけて、地道に理解を得ながら打ち合わせを進めていくことが重要だと認識する必要があります。

図 6-3　接岸するクルーズ船
貨物岸壁での受け入れは、地元物流事業者との打ち合わせとともに下船客と関係車両の安全な動線を確保することが最大のポイント

6-2　クルーズ船専用岸壁以外での受け入れ

横浜や東京、神戸、大阪、博多といった都市型港湾で発着拠点になるケースが多い港には、クルーズターミナルとクルーズ船専用岸壁などが整備され、安全・安心な入出港に必要とされる設備がほぼそろっています。しかし、こうしたハードが整っている港は日本ではまだ少数派で、相当数の港では貨物船との共用岸壁、あるいは貨物船が通常使用している岸壁を「未利用時」に限って使っている事例も少なくありません。

こうした専用岸壁以外でのクルーズ船受け入れは、利用に当たってさまざまな制約を受けるだけに、専用岸壁利用に比べて寄港前の準備作業は当然増えることになります。コンテナ船が着く岸壁、さまざまな物品を運ぶ「ばら積み船」や重量物運搬船が利用する岸壁など、通常時の用途によって準備項目は変わりますが、前項で指摘した項目に加えて以下のような準備作業が伴います。

① 岸壁の利用申請、物流事業者との連絡調整
② SOLAS フェンス（2次）の設置、バスなどの車両および人流動線の確認
③ シャトルバス、タクシー乗り場と待機場所、関係車両駐車スペースの確保
④ 受入関係者、乗客・乗員用のテントおよび仮設トイレの設営と撤去
⑤ 観光案内、物産販売用テントの設営と撤去
⑥ 特定時間に関する渋滞回避に向けた港湾区域内の車両通行ルートの確認
⑦ 岸壁での歓送迎行事、もてなし、見送りスペースなどの確保
⑧ CIQ（税関、入出国管理、検疫）が必要な場合の対応の検討（船内か、船外か）

前述の①～⑧の準備項目は、前項でも紹介したように地元の船舶代理店、ランドオペレーター、バス会社・タクシー会社、保健衛生当局、CIQなどの関係者を交えた「受入協議会」の場を使って効率的に整理、検討することが必要となります。加えて、貨物船岸壁で日常業務をしている地元物流事業者らも交えて、安全・安心な岸壁レイアウトなど、時間にゆとりをもって話し合うことが欠かせません。

図 6-4 貨物船などとの共用岸壁（秋田港）に停泊する「飛鳥Ⅱ」

図 6-5 保安制限区域内の岸壁に停泊するクルーズ船

図 6-6 岸壁でのクルーズ船歓送迎の様子

6-3 クルーズの寄港目的による受け入れの違い

クルーズの寄港目的によって、寄港地・港湾に求められるものは異なります。また、旅客の属性、たとえば、外国人旅客が多い、高齢者が多い、などによって求められる対応が異なる場合もあります。

どの場合でも、本船・クルーズ船運航会社（船社）・船舶代理店・ランドオペレーター・CIQ などの関係機関、交通機関をはじめとする関係事業者などとの連携が重要です。

表 6-1　クルーズ船の寄港目的

港の分類	寄港目的など
発着港・乗換港	旅客が乗船、もしくは下船する：乗船・下船手続きが必要
寄港港	旅客が寄港地での上陸や観光を楽しむ
ファーストポート	日本への最初の入国港：入国手続が必要
ラストポート	日本からの出国港：出国手続きが必要

(1)　発着港・乗換港の場合

クルーズ船の発着港、または乗換港となる港では、以下の項目に留意が必要です。

① 旅客が乗船もしくは下船するため、乗下船手続きが必要となる。

② 乗船の場合は、乗船受付（チェックイン）のための設備とスペース、待合のための設備（椅子など）とスペース、そのほか放送設備も必要になる。また、当日受け荷物をさばくための設備とスペースが必要になる。スペースが不足する場合は、乗船受付に時間差を設けるなど混雑緩和策が必要である。

③ 下船の場合は、下船者の荷物をさばくための設備とスペース、宅配便、荷物の受付設備とスペースなどのほか、ポーターが必要になる場合がある。

④ スペースが不足する場合は、下船に時間差を設けるなと混雑緩和策が必要である。また、最寄りの公共交通機関駅までの移動手段（連絡バスなど）が必要になる場合がある。また、多くのタクシー確保などが必要になる。

(2)　寄港港の場合

クルーズ船の寄港港となる場合は、以下の項目に留意が必要です。

① 旅客が快適に上陸し、観光を楽しめるように対応する必要がある。

② 事前に、旅客の動きや旅客の属性などを可能な限り把握する必要がある。

③ 想定される旅客の動きを確認・把握しておく。

旅客の主な動きは、

1）寄港地ツアーに参加する。（ツアーの参加人数、昼食付ツアーかどうかも把握す

る必要がある）

2）シャトルバスを利用して市街地へ行く。

3）タクシーを利用する。タクシープランを利用する。

4）徒歩で自由に散策する。徒歩で最寄りの公共交通機関駅に行く。

5）レンタカー、レンタサイクルを利用する。

6）船内もしくは岸壁で過ごす。

④ 特に留意すべき事項

1）旅客の動きを時間軸でまとめる

2）混雑緩和のための分散（時間の分散、場所の分散）

3）旅客の動き、旅客の属性などを可能な限り事前把握

4）外国人旅客が多い場合、多言語対応も必要

5）駐車スペース、配車スペースの確保

6）警備体制、誘導体制、安全確保体制、連絡体制の確立

7）両替、キャッシュレス対応

8）Wi-Fi 確保、ツーリスト向けアプリ導入検討も

9）市民向けサービス、乗組員向けサービス、など

図 6-7 寄港港で下船した旅客とその対応（上）とタクシー、シャトルバスを利用する旅客（下）

(3)　ファーストポートの場合

ファーストポートは、外国のクルーズ船が、日本で最初に寄港する港のことです。また、日本のクルーズ船が外国から帰国する際に最初に入国する港です。

税関、入国管理、検疫の体制が整っている必要があります。

ファーストポートとなる場合は、以下の点に留意が必要です。

①　日本に最初に入国する港湾では入国手続きが必要になる。

②　事前に、旅客の動きや旅客の属性などを可能な限り把握する必要がある。また、日本人旅客、外国人旅客の割合・人数に応じて対応が異なる場合がある。

③　旅客に関係する主な手続き

1）検疫（Quarantine）

2）入国審査（Immigration）

3）税関検査（Customs）

4）動物検疫（Animal Quarantine）

5）植物防疫（Plant Quarantine）

④　特に留意すべき事項

1）審査方法の確認、審査会場・スペース・審査時間の確保

2）動線の確保、動線交錯の回避

(4)　ラストポートの場合

ラストポートは、外国のクルーズ船が、外国に向けて日本から最後に出発する港のことです。また、日本のクルーズ船が外国に向かう際に出国する港です。

ラストポートとなる場合は、以下の点に留意が必要です。

①　日本から最終的に出国する港湾では出国手続きが必要になる。

②　事前に、旅客の動きや旅客の属性などを可能な限り把握する必要がある。また、日本人旅客、外国人旅客の割合・人数に応じて対応が異なる場合がある。

③　旅客に関係する主な手続き

1）出国審査（Immigration）

2）税関検査（Customs）

④　特に留意すべき事項

1）審査方法の確認、審査会場・スペース・審査時間の確保

2）動線の確保、動線交錯の回避

 寄港の効果と寄港地ツアー

6-4 クルーズ船寄港がもたらす効果

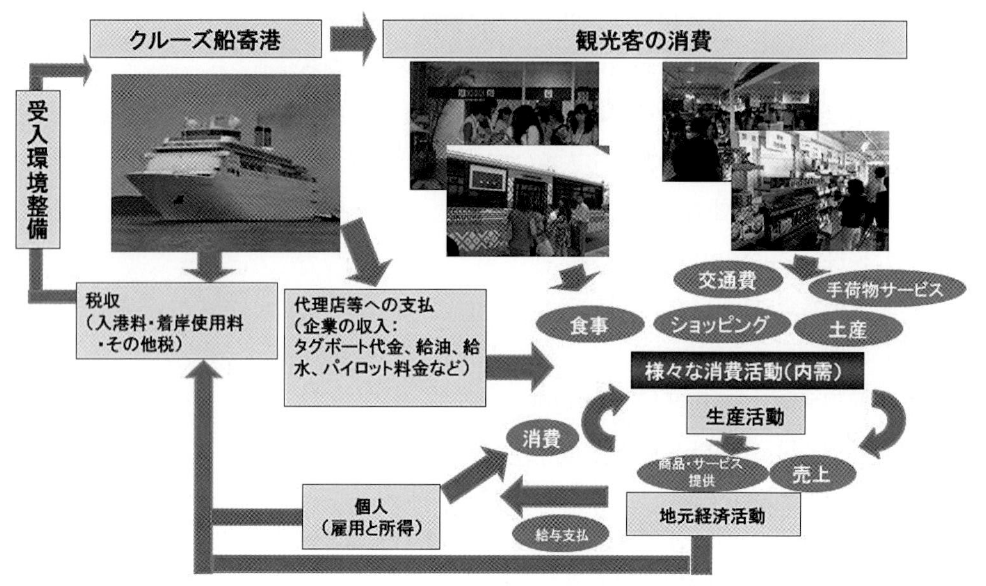

図 6-8 クルーズ船の寄港の経済効果 (出所:国土交通省)

(1) 経済効果と経済効果以外の効果

クルーズ船の寄港効果には、大きくは「経済効果」と「経済効果以外の効果」があります。図 6-8 は、国土交通省が示した「クルーズ船寄港の経済効果」の模式図です。

① 経済効果=定量的効果

国土交通省の資料によると、2015 年の外国大型クルーズ船による寄港効果は 1 人当たり 3 ~ 4 万円と試算されています。クルーズ船の寄港は、寄港地にさまざまな経済効果をもたらしますが、この経済効果には、「直接的効果」と「波及的効果」があります。

クルーズ船の寄港による経済効果は、次のような「直接的効果」があります。

1) 港湾:入港に伴う港湾税収(入港料、岸壁使用料など)

2) 観光:バス・タクシー・食事施設・観光施設・旅行消費など

3) 納入:給油・給水・食材納入・特産品納入など

また、「波及的効果」には、例えば、土産品など関連産業の生産の増加、雇用の創出・増加などがあります。そのなかには、クルーズ船への地域産品の納入・販売を目的とした専門商社の設立など、新たなビジネスが創出された例もあります。例えば、熊本県八代市

の地元企業が共同で、地元生産者から飲料や農畜産物などの食材を広く調達し、クルーズ船に納入、販売することを目的とした専門商社を設立した、という事例があります。

これらは、数値でとらえることができるので、「定量的効果」ということができます。

② 経済効果以外の効果＝定性的効果

クルーズ船の寄港効果には経済効果以外にも次のようなさまざまな効果があります。

1）賑わいの創出（港の賑わい、市街地周辺の賑わい、観光地の賑わい、など）

2）地域活性化、地域と国内＆海外との交流促進

3）教育的な効果

4）クルーズ寄港をきっかけとした再訪効果

5）地域の宣伝効果

6）将来に向けた港湾整備、インフラ整備の促進

これらは、数値としてとらえることは難しいので、「定性的効果」といえます。

(2) 効果の「見える化」

クルーズ船寄港に対する地域の理解促進には、クルーズ船寄港効果を目に見える形で示すことが重要です。「経済効果＝定量的効果」と「経済効果以外の効果＝定性的効果」を「見える化」すると次頁の表 6-2 のようなイメージになります。

6-5 寄港地ツアー

船内生活（クルーズライフ）と寄港地は、クルーズにとっての両輪です。寄港地の訪問を楽しみに乗船する人や寄港地で実施されるツアーを楽しみにする人も多いようです。寄港地での滞在や寄港地で実施されるツアーは、クルーズの満足度に大きな影響を与えるといっても過言ではありません。

クルーズで実施される寄港地ツアーは、「ショアエクスカーション」、「オプショナルツアー」などと呼ばれます。クルーズによっては寄港地ツアーが組み込まれていることもありますが、多くの場合、参加は旅客のオプションで、参加代金も別建てになっています。

(1) 寄港地ツアー造成の仕組

寄港地ツアーは、日本船と外国船とでは造成の仕組みが異なります。また、クルーズ船運航会社（船社）の自主クルーズかチャータークルーズかによっても異なってきます。

① 日本船の寄港地ツアー

日本船の自主クルーズの寄港地ツアーは、企画・造成・手配・販売・運営まで一貫し

て船社のツアー部門が行います。また、日本船のチャータークルーズの寄港地ツアーは、チャータラーである旅行会社が一貫して行うことが多く、船社は基本的にツアーにはノータッチです（表6-3）。

表6-2　クルーズ船の寄港効果

<table>
<tr><th colspan="7">クルーズ船の寄港効果</th></tr>
<tr><th>効果の別</th><th>業態別</th><th>主なもの</th><th colspan="4">波及効果</th></tr>
<tr><td rowspan="3">定量的な効果</td><td>港湾</td><td>＊入港料・岸壁使用料など
＊タグボート（曳船料）・水先案内人費用・綱取り料など
＊ターミナル使用料・保安警備費用・船舶代理店料など
＊船舶修繕費用・付帯業務など</td><td rowspan="3">⇒</td><td rowspan="3">◦関連産業への波及効果
◦雇用促進
◦地域全体の消費増加</td><td rowspan="4">⇒</td><td rowspan="4">地域全体が元気に！</td></tr>
<tr><td>観光</td><td>＊バス・タクシーなど
＊ツアーで利用する食事施設・観光施設など
＊旅行消費（買物代・交通費・飲食費用など）</td></tr>
<tr><td>納入</td><td>＊給油・給水など
＊食材納入・特産品納入など
＊廃棄物処理料など</td></tr>
<tr><td>定性的な効果</td><td colspan="2">＊港の賑わい・市街地周辺の賑わい・観光地の賑わいなど
＊地域と国内＆海外との交流促進
＊教育的な効果
＊クルーズ寄港をきっかけとした再訪効果
＊地域の宣伝効果
＊空路・陸路での訪れるのとは違う、船での訪問ならではの良さ
＊将来に向けた港湾整備、インフラ整備</td><td>⇒</td><td>◦地域の一体感の醸成
◦地域全体の賑わいの増加
◦地域の良さの再認識
◦地域への誇り
◦将来への希望</td></tr>
</table>

表6-3　日本国内で実施される寄港地ツアー（日本船）

<table>
<tr><th>クルーズの形態</th><th>造成</th><th>手配</th><th>販売</th><th>運営</th><th>特記事項</th></tr>
<tr><td rowspan="2">日本船
（自主）</td><td colspan="4" rowspan="2">船　　社</td><td>企画～運営まで一貫して船社のツアー部門が行う。</td></tr>
<tr><td>旅行会社など船社以外の他社が寄港地ツアーを造成することは基本的には無い。</td></tr>
<tr><td rowspan="2">日本船
（チャーター）</td><td colspan="4" rowspan="2">チャータラー</td><td>企画～運営まで一貫してチャータラー（旅行会社が多い）が行う。</td></tr>
<tr><td>チャータラーが複数の場合、それぞれのチャータラーがそれぞれのお客様向けにツアーを造成、実施する。</td></tr>
</table>

日本船による船社自主クルーズの寄港地ツアー業務の一連の流れは、おおむね図6-9のようになっています。

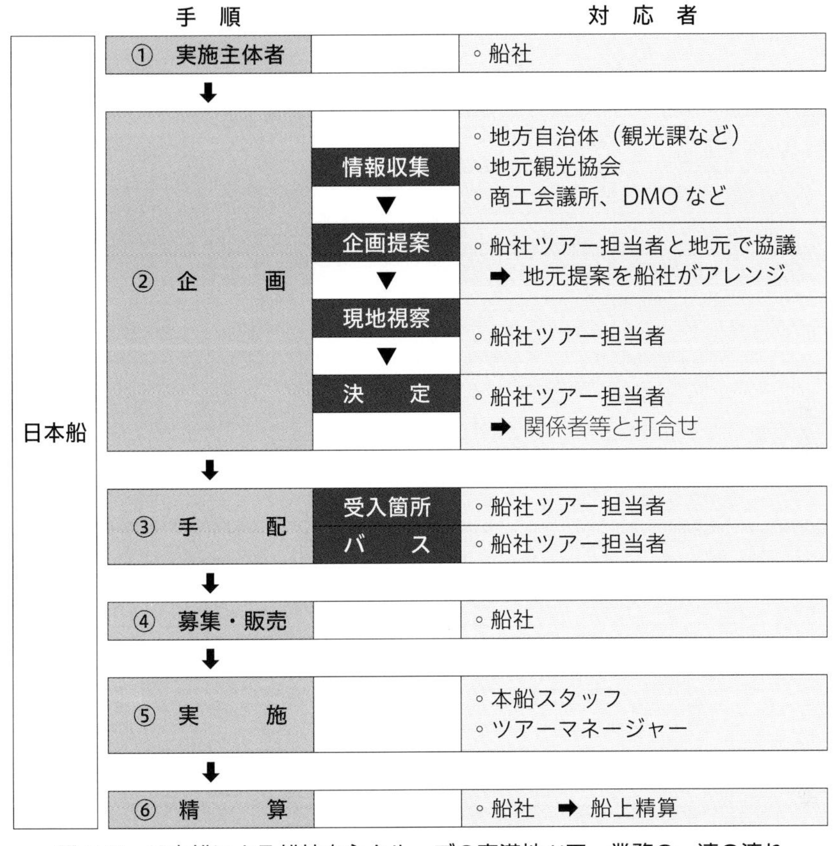

図6-9　日本船による船社自主クルーズの寄港地ツアー業務の一連の流れ

② 外国船の寄港地ツアー

外国船による船社自主クルーズの寄港地ツアーは、船社が造成しますが、手配・運営はランドオペレーターが担うことが多くなっています。

また、外国船のチャータークルーズの寄港地ツアーは、チャータラー（旅行会社であることが多い）が、企画・造成・手配・販売・運営まで一貫して行うのが一般的です。手配・運営には、チャータラーがランドオペレーターを起用することもあります。

これまでの例によると、中国発着の日本向けクルーズは少し特殊で、中国系のランドオペレーターが手配・運営を担うことが多いようです。

外国船による船社自主クルーズで日本国内で実施される寄港地ツアー業務の一連の流れは、おおむね次のようになっています。

表 6-4　日本国内で実施される寄港地ツアー（外国船）

クルーズの形態	ツアーの造成	ツアーの手配	ツアーの販売	ツアーの運営	特記事項
外国船による 船社自主クルーズ	船社（本社） 集客旅行 会社	ランドオペ レーター 集客旅行 会社	船社（本社） 集客旅行 会社	ランドオペ レーター 集客旅行 会社	外国船の自主クルーズの場合、船社が造成するツアーとは別に集客旅行会社が船社の了解を得て寄港地ツアーを造成、実施する場合がある。 ツアーの手配、運営は船社の指示を受けて日本のランドオペレーターが担うが、ツアーの責任主体者はランドオペレーターではなく船社になる。
外国船による チャータークルーズ	チャータラー =旅行業者	チャータラー =旅行業者	チャータラー =旅行業者	チャータラー =旅行業者	チャータラーが複数の場合、それぞれのチャータラーが、それぞれのお客様向けにツアーを造成、実施する。
中国発着の 日本向けクルーズ	船社（本社） 集客旅行 会社 チャータラー	中国系の ランドオペ レーター	船社（本社） 集客旅行 会社 チャータラー	中国系の ランドオペ レーター	中国発着のクルーズの場合、ツアーが組み込まれていることが多い。

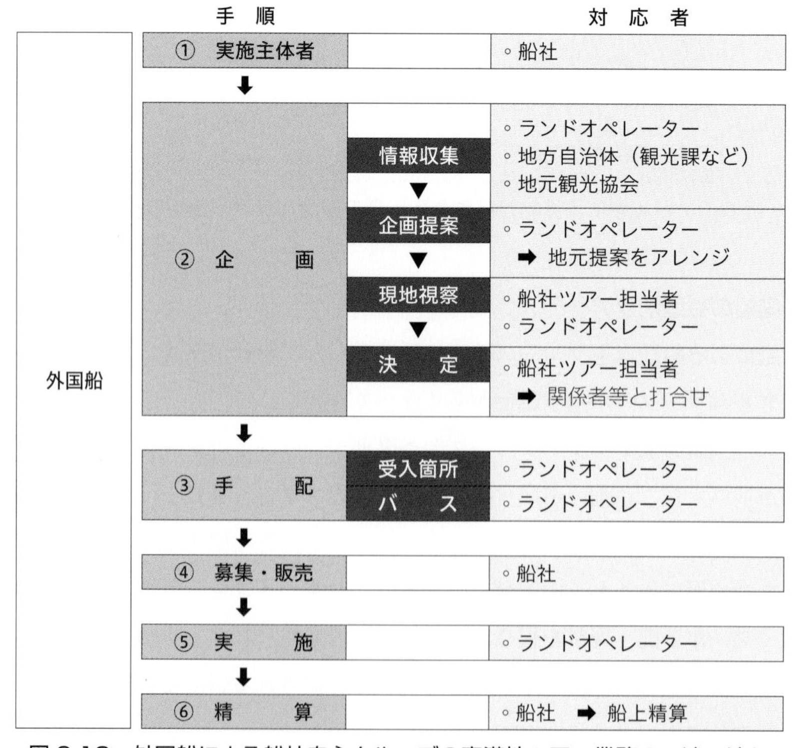

図 6-10　外国船による船社自主クルーズの寄港地ツアー業務の一連の流れ

(2)　クルーズ船寄港の記録を残す

クルーズ船寄港時の記録を残すことが大切です。記録を残すことで、今後の寄港受け入れの参考とすることができ、また、データとして活用することができるようになります。

記録用のフォーマットの例を、以下に提示します。

表 6-5　寄港の記録フォーマット（例）

寄港の記録				
寄港日時＆着岸岸壁	20 ●●年●月●日（●）/ ●●港●●ふ頭 / 入港時間：●時●分 / 出港時間：●時●分）			
船名				
主要目	船籍 / 総トン数 / 全長 / 全幅 / 喫水 / 乗客定員 / 乗組員数			
寄港形態	□発着港 / □途中寄港			
クルーズ名	□自主　/ □チャーター（チャータラー：●●）　「●●クルーズ　●日間」			
スケジュール	●月 / ●日△△港～●月 / ●日△△港～●月 / ●日●●港～●月 / ●日△△港～●月 / ●日△△港			
寄港時人数	乗船客●●名 / 乗組員●●名			
乗客属性（わかる範囲で）	主な国籍（日本籍●●名 or ●% / 米国籍●●名 or ●% /　　　　）			
	平均年齢●歳			
	年齢層（10 代以下●%・20 代●%・30 代●%・40 代●%・50 代●%・60 代●%・70 代●%・80 代●%・90 代以上●%）			
	男女比（男性●%：女性●%）			
当港での乗下船	下船者●●名 / 新規乗船者●●名			
寄港地ツアー（日程表なども残す）	ツアー名	参加者数	使用バス台数	主な訪問先
	①●●一日観光（昼食付き）	●●名	●●台	
	②●●半日観光	●●名	●●台	
	③●●半日観光	●●名	●●台	
	合計	●●名	●●台	ツアー参加割合：●%
シャトルバス	□運行無し □運行あり：行き先 / 使用バス台数 / 利用者数 / 運行頻度（●分おき / 午前●便 / 午後●便など）			
タクシープラン	□運行無し □運行あり：行き先 / 使用タクシー台数 / 利用者数 / 主な訪問先（●●など）			
歓送迎行事（プログラムも残す）	□入港歓迎セレモニー：場所 / 時間 / 参列者（船側：船長・機関長・● / 市側：市長・議長など計●名）			
	□歓迎演舞：場所 / 時間 / 内容 / 演者			
	□出港歓送セレモニー：場所 / 時間 / 参列者（船側：船長・機関長・● / 市側：市長・議長など計●名）			
	□歓送演舞：場所 / 時間 / 内容 / 演者			
岸壁・ターミナルでのイベント	□無し			
	□あり：場所 / 時間 / 内容 / 主催者 / 演者など（プログラムも残す）			
岸壁・ターミナルでの出店	□無し			
	□あり：場所 / 時間 / 内容 / 出店者など（配置図なども残す）			
特記事項				

6-6 ニーズの変化・個人客（FIT）・オーバーツーリズムへの対応

(1) ニーズの変化への対応

寄港地ツアーや寄港地に求めるものは変化してきています。ニーズの変化は、大きくは次の３つです。

①「どこへ行くか」から「何をするか」へ

乗客のニーズは変化しています。定番の観光スポットを巡るだけでなく、より特別感があるもの、よりテーマ性があるものを求める傾向が強くなっているようです。この傾向はクルーズだけでなく、一般の観光でも顕著になっています。

クルーズでは、大人数に対応する定番の観光スポットを巡るツアーは依然として重要です。定番の観光スポットと特別感・テーマ性をどう組み合わせるかが重要になります。午前は定番観光地を巡り、午後は特別体験・テーマツアーを実施する、などとすれば、より多くの乗客をツアーに吸収することが可能になります。

寄港地を選択するのは船社であり、寄港地として選択されることがまず重要です。船社が寄港地を選択する場合に大きな決め手になるのは、「その港に寄港したらクルーズが売れるか」です。そのため、誰もが知っている観光地やイベントがあるかどうかが、誘致のための大きなポイントになるのです。

集客力のある観光地・イベントを「キラーコンテンツ」といいますが、このキラーコンテンツがあれば、さらなる磨き上げが必要であり、なければ創り上げることも必要になります。キラーコンテンツがあり、さらに特別な体験や特別なテーマがあれば、寄港の魅力がアップします。寄港地がニーズの変化に対応する際に重要になるポイントを以下に列記します。

1）キラーコンテンツを武器にして船社に寄港地として選択させる。

2）寄港の際には定番ツアーで大人数に対応する。

図 6-11　クルーズ船寄港時の歓迎の様子

3）特別感のあるツアー、テーマ性のあるツアーを実施してニーズの変化に対応する。

4）定番ツアーと特別感ツアー・テーマツアーを組み合わせて、より多くの人数とニーズに対応する。

② 寄港地での行動の多様化

乗客の寄港地での行動は変化しており、ますます多様化しています。インターネットであらかじめ寄港地の情報を入手し、自身で行動プログラムを組む人も増えているようです。

③ 消費行動の変化

特に日本人乗客の場合、寄港地の土産品をネット通販で購入する人が増えています。岸壁やターミナルの出店では品定めをするだけで、後日ネット通販で購入するというケースも増えています。岸壁などの出店は、その場での購買だけではなく、「アンテナショップ」としてとらえた方が良いのかもしれません。①②③をまとめると以下の表6-6のようになります。

表6-6　ツアーや寄港地に求めるものの変化

① 「どこに行くか」から「何をするか」へ
特別感があるもの、テーマ性があるものが求められる。 • 特別拝観・貸切見学・特別な体験・特別なテーマ（食・文化・歴史・祭りなど） • キラーコンテンツ（集客力のある観光地イベント）がある。 ➡ その磨き上げを。有名観光地で特別な体験ができれば価値はさらに高まる。 • キラーコンテンツがない。 ➡ キラーコンテンツ（ここにしか無いもの）を創り上げることも必要。
② 寄港地での行動の多様化
• 日本人乗客：自由に動き回る人はど多くない。 ➡ 今後は自由行動者が増えることが予想される。 • 外国人乗客：個人で動くことを好む傾向がある。 ➡ 二次交通の整備、Web での情報発信、多言語対応はますます重要に。
③ 消費行動の変化
• 日本人乗客：ネット通販での買い物が増えている。 • 岸壁での出店は「アンテナショップ」と考える。 ➡ クルーズ終了後も購買に期待できる。

(2) 自由行動をする個人客（FIT）への対応

寄港地では、個人で自由行動をする乗客が増えています。インターネットであらかじめ寄港地の情報を入手し、自身で行動プログラムを組む人が格段に増えています。これはクルーズだけでなく、一般の観光でも顕著です。個人客への対応でポイントになるのは、二次交通の整備と情報の整備・発信です。

表 6-7　自由行動をする個人客（FIT）への対応

①　二次交通の整備
• シャトルバスの運行（船社など） • タクシーの確保 • 既存の公共交通機関の活用 • レンタカー・レンタサイクルの活用 • グリーンスローモビリティの導入 ➡ クルーズ船寄港時以外は「観光の足」「地域の足」
②　情報の整備・発信
• Web を通じた情報発信 ➡ 二次交通などハード面はコストがかかる。 ➡ 情報の整備・発信でカバーする。多言語対応も。 ➡ インバウンドや日本人の誘客にも活用できる。

①　二次交通の整備

個人で行動する際に重要になるのは、移動する「足の確保」であり、「二次交通の整備」が重要です。二次交通には、シャトルバス、タクシー、レンタカー、レンタサイクル、公共交通機関（路線バス、地下鉄など）などがありますが、カートなどのように、時速 20km 未満で公道を走ることができる電動車を活用した小さな移動サービス「グリーンスローモビリティ」を導入する自治体もあります。

②　情報の整備・発信

グリーンスローモビリティなど、二次交通のハード面の整備はコストがかかりますが、情報の整備・発信のコストは比較的低く抑えることができます。情報の整備・発信は、クルーズ寄港時だけでなく一般の観光（インバウンド・日本人誘客）にも有用であり、推進する必要があります。また、多言語対応や観光アプリの開発・導入も重要です。

図 6-12　観光地で活躍するグリーンスローモビリティ　（出所：国土交通省）

(3)　オーバーツーリズムへの対応

観光客が増え過ぎることでさまざまな問題が起き、地域にも負の影響を及ぼすことを「オーバーツーリズム」といい、「観光公害」と呼ばれることもあります。オーバーツーリズムの主なものとしては、観光地全体や観光施設の混雑、飲食施設・店舗の混雑、公共交通機関の混雑、交通渋滞、駐車場不足、人手不足、トイレやゴミ問題、立ち入り禁止場所への観光客立ち入り、マナーや騒音問題などがあげられます。

特に、クルーズ船寄港時には一時的に多くの旅客が上陸することになるため、オーバーツーリズム問題への対応は極めて重要です。寄港満足度はクルーズの満足度にも直結するため、寄港地だけではなく船社にとっても重要です。

①　オーバーツーリズムへの対応

寄港地の実情に応じた対応が必要になりますが､対応に際して共通するのは次の点です。

1）時期・時間・場所を分散する。

2）船社・ランドオペレーター・受入施設など関係者が情報共有し、連携する。

3）旅客への案内を徹底する。

オーバーツーリズム問題の解決には、「受入側のキャパシティを大きくする」ことと、「利用者数を制限する」ことが必要になりますが、供給能力、受入能力、人手確保などさまざまな問題があり容易ではありません。クルーズ船寄港が持続可能なものになるよう、すべての関係者の連携が今後ますます重要になります。

②　オーバーツーリズムへの対応事例

オーバーツーリズムへの対応事例としては、以下のようなものがあります。

1）京都市：AI による混雑予測情報の発信「京都観光快適度マップ」、隠れた観光情報発信による分散化、開館時間を早める朝観光の推進、など

2）鎌倉市：江ノ電の住民優先利用、パーク＆ライドの実施、など

3）ベネチア：入島税徴収による観光客数抑制と税収入確保・活用、有名観光地の予約制実施、など

(4)　寄港地ではどう対応すべきか

寄港地で対応すべきことを以下に列記します。これらは、複合的に取り組むことが重要です。また、クルーズのみならず、一般の観光（インバウンド・日本人誘客）とも絡めて取り組むことが重要です。

地元にとっては「何でもない」と見過ごしている「モノ」「コト」が、実は観光客にとっては大きな魅力である、ということもあります。それを見出し、発信することも重要です。

① キラーコンテンツの磨き上げ、創出

② 定番ツアーでの大人数への対応、及び、特別感・テーマ性の追求

③ 二次交通の整備、個人客への利便性の提供

④ 情報の整備、発信（多言語対応、観光アプリの開発・導入も）

⑤ 消費行動の変化に対応した情報の整備、発信

⑥ オーバーツーリズムへの対応、情報共有、連携

(5) 持続可能な観光（サステナブル・ツーリズム）への取り組み

寄港地では、ニーズの変化への対応、オーバーツーリズムへの対応など、さまざまな対応が求められていますが、昨今注目を集めていることのひとつに「持続可能な観光への取り組み」があげられます。

「持続可能な観光」は、SDGs（Sustainable Development Goals：持続可能な開発目標）のひとつとされ、「サステナブル・ツーリズム（Sustainable Tourism）」ともいわれます。

サステナブル・ツーリズムは、国連世界観光機関 UNWTO により、次のように定義されています。「訪問客、業界、環境および訪問客を受け入れるコミュニティーのニーズに対応しつつ、現在および将来の経済、社会、環境への影響を十分に考慮する観光」、すなわち、「地域の自然、環境、文化、生活、伝統などを守りながら、地域資源を持続的に保つことができるようにした上でなされる観光」ということができます。注目すべきは、従来の「観光客のための観光」ではなく、「地域のための観光」に重きを置く点です。「地

「観光客のための観光」から「地域のための観光」へ

「環境・文化の保全」と「観光満足度の向上」の両立
地域の自然、環境、文化、伝統を守りながら、観光業を活性化させ
観光客の満足度を高めながら、地元住民の暮らしを良くしていく

●環境を守る
・環境汚染、樹木の伐採など自然破壊につながる商業化を避け、地域の自然、環境を活かした観光を作る。
・自然が持つ本来の姿を維持し続ける。
（例：農作物収穫体験、植林体験、など）

●地元住民に最大限の配慮をする
・自然環境を守ることだけでなく、混雑や渋滞を避ける、ゴミのポイ捨てをやめる、騒音被害をなくす、迷惑行為をなくす、など「地域住民への最大限の配慮」が重要
（例：ゴミの持ち帰り、清掃活動への参加、など）

●伝統文化を守り続ける
・その地域に根付く伝統文化を尊重し、維持する。
・地域の伝統文化を活かした観光にすることが、伝統文化を次世代へと受け継ぐことにも繋がる。
（例：伝統芸能＆伝統工芸見学、体験、古民家活用、など）

図 6-13 サステナブル・ツーリズム

域のための観光」は観光客の満足度アップにもつながります。観光客、地域の双方がハッピーになることを目指すのが、「サステナブル・ツーリズム」であるといえます。

寄港地ツアーでは、「サステナブル・ツーリズム」は重要なキーワードになります。「サステナブル・ツーリズム」は、クルーズの寄港地ツアーのみならず、インバウンドや日本人の誘客にも有効なものとなります。

6-7 不寄港リスクへの対応

抜港に備えた対応

国内外のクルーズ船の寄港が決まると、当日の万全な受け入れ態勢構築に向けて、地元関係者はそれぞれの担当分野で着々と準備を進めます。受入協議会が組織化されている港では、定期的に進捗状況の確認や寄港情報の共有などを図ることになりますが、その際の最大の懸案事項は、天候など諸要因による「抜港」、いわゆる不寄港となることです。

クルーズ船の運航では、日本籍・外国籍を問わず、乗客乗員の安全を最優先した取り組みが求められます。気象・海象の悪化などにより航路に不安要因がある場合は、躊躇なく安全な針路を選択することになります。その結果、当初スケジュールを変更することは珍しいことではなく、せっかく周到に準備してきた歓迎行事や岸壁でのもてなし、寄港地観光といった諸々の取り組みは「空振り」に終わることもあります。

歓迎行事や「もてなし」の一部については、「また次の機会に」と、お詫びをしたうえで、あらためて準備すればよい場合もあります。しかし、試飲や試食、関係者の昼食手配、寄港地観光に利用する観光バス、ツアー途中の昼食といった「キャンセルしても相応の経費がかかる」ものの対応は、少々面倒です。受け入れを担当する一部関係者は、イベント保険のようなものを採用し、万が一に備える事例もありますが、まだ一般的とはいえません。寄港日（当該サービス利用日）間際のキャンセルほど、無駄になるものが増えるのが実情です。

図 6-14　入港するクルーズ船を歓迎する「歓迎放水」

寄港の２週間ほど前から気象・海象の調査をはじめ、寄港当日の状況を予想しますが、台風シーズンはそれも容易ではありません。コロナ禍の影響で観光バスやドライバーが不足する昨今は、寄港キャンセルになった場合の損失は、さらに大きくなると考えられています。

残念ながら、さまざまな要因が関係する不寄港リスクを回避するための「正解」はありません。そうした場合の負担をどう低減させるのか。船社や船舶代理店など関係者を交えて、不寄港リスクについても受入協議会などの場で話し合っておくことが重要です。

第７章 クルーズ船運航会社とクルーズ関連業務

① クルーズ船運航会社

7-1 船主（船舶所有者）と船舶管理会社と運航会社の関係

クルーズ船の建造は、船主（船舶所有者）が造船所にクルーズ船の建造を依頼し、造船所が船主の依頼に沿って設計・建造・完工させ、船主に引き渡すという流れになります。船主の存在が非常に重要となります。

クルーズ事業では、「船会社（船社）」といえば、クルーズ船運航会社を指す場合が一般的ですが、「船会社（船社）」は、「クルーズ船を所有する船舶所有者（船主）」（オーナー）と「クルーズ船を運航する運航会社」（オペレーター）とに大別されていますので、それぞれの業務責任の所在をしっかり認識しておく必要があります。

なお、船会社（船社）の中には「オーナーオペレーター」として自社が所有するクルーズ船を自社で運航するケースもあります。

(1) 船主（船舶所有者）と船舶管理会社

船舶所有者は「船舶の所有」「船舶の管理」の双方業務を自ら行う形態が一般的でしたが、1970 年代頃より船舶の管理業務のみを生業とする「船舶管理会社」という業態が一般化してきました。現在では、ほとんどの船舶所有者は船舶を所有するにとどまり、船舶の管理業務は船舶管理会社に委託する形をとっています。

船舶管理会社は、安全運航、乗組員の配乗、機器類の調整整備、部品の交換、必要な船用品・予備部品・潤滑油などの供給、修繕、入渠（ドック）工事、法定検査の受検、証書類の更新など、ハード・ソフトの両面で船舶が安全に航行するための維持を行っています。

(2) 船主（船舶所有者）と運航会社（クルーズ船社）

船舶所有者は、運航会社（クルーズ船社）と船舶傭船契約を結び、クルーズ船の運航管理や販売などの責任・権限をクルーズ船社に移管します。

(3) 船主（船舶所有者）責任

クルーズ事業では、クルーズ船の運航会社（クルーズ船社）の存在が大きく、船舶所有者（船主）や船舶管理会社の存在を知る機会はあまりありませんが、クルーズ船運航に伴

図 7-1　神戸港に停泊する「飛鳥Ⅱ」（撮影：中村庸夫）
「飛鳥Ⅱ」は、郵船クルーズが船主であり、運航会社でもある

う事故が発生した場合の責任主体は船舶所有者（船主）や船舶管理会社になります。

クルーズ船が「オーナーオペレーター」で運航されている場合は、船主と運航会社が同一会社なのでわかりづらいのですが、社内的には船主業務を分掌する部門が船主としての責任・権限を有し、有事の際の対応に当たることとなっています。

このように、船主はクルーズ船の安全運航管理を担っており、たとえば、沈没や座礁、火災、衝突などの海難事故による損害に責任を負うことになっています（船主責任）。

また、船主は、船舶の運航・使用または管理により法律上の損害賠償責任を負担して費用を支出することがあります。船主は、これによって被る損害に対するリスクマネジメントの一環として、「船主責任保険」（P&I 保険）に加入しています。

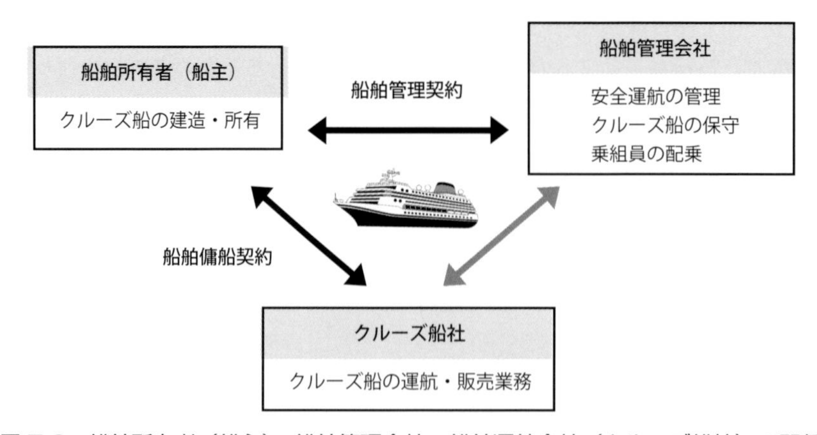

図 7-2　船舶所有者（船主）・船舶管理会社・船舶運航会社（クルーズ船社）の関係

7-2 クルーズ船運航会社の社内部署と役割

クルーズ船運航会社は、クルーズ船の維持管理、運航管理、ホテルサービス、クルーズ商品販売、会社管理など専門性を有する部署を設置し、それぞれの責任・権限に基づく業務を縦割り構造でマネージメントしています。

なかでもクルーズ船運航に関する業務の遂行については、幅広い知見を有し、経験年数の長い専門職者が担う場合が多くなっています。そのため、対応する港湾サイドも船社部署やその責任・権限などについて、相応の基礎知見を身につけておく必要があります。

(1)　日本船運航会社（邦船社）の社内部署事例

クルーズ船運航会社は、それぞれの会社により社内の組織や体制は異なりますが、会社としてなすべき業務の違いはそれほど大きくはありません。代表的な邦船社の事例を次表に整理します。

表 7-1　クルーズ船運航会社の社内組織体制の例（邦船社）

部署	業務
経営企画部	経営方針策定、ESG 推進、財務経理、社長室
管 理 部	人事・総務・法務
システム企画管理部	IT 関連統括（本社＆船上）
企画マーケティング部	ブランド管理、配船計画、販売動向
運 航 部	運航管理、寄港手配、寄港オペレーション、寄港地ツアー
ホテル部	船上ホテルサービス、船用品、ショップ、テナント管理
営 業 部	クルーズ販売、チャーター営業、予約管理、日程表
船 舶 部	船主業務、安全運航、船舶修繕補修、補油補水
安全品証部	安全管理、品質管理
船員・衛生管理部	船員配乗、船上衛生管理
新造船準備室	新造船就航までの準備全般

(2)　港湾・地域関係者との関係性が深い部署

港湾管理者などクルーズ関係者がクルーズ船運航会社と連携を取るにあたり、関連する部署とその業務の内容・流れを整理すると次のようになります。

①　企画マーケティング部：自社が運航するクルーズ船の配船計画・航路計画を立てる。

②　運航部の寄港オペレーションセクション：立案された航路計画に従い寄港地を手配し、寄港地でのオペレーションを担う。

③　運航部の寄港地ツアーセクション：寄港地ツアーを担う。

港湾・地域関係者との関連性の深い部署を業務別に整理すると、誘致活動対応は企画マーケティング部、受入業務対応は運航部オペレーションセクションやツアーセクション、寄港安全対応は船舶部、寄港地での食材積み込みなどはホテル部が相手方となります。

図 7-3　クルーズ船への物資の搬入搬出の様子

(3)　サステナブルクルーズの実現

国際クルーズ船運航会社は、脱炭素化社会を目指す取り組みの中で、「サステナブルクルーズ」の実現を具体的な取り組みとしています。

クルーズのサステナビリティと地域のサステナビリティを一体化させるには、クルーズ船社と受入港湾地域とのパートナーシップがいままで以上に重要となります。そのため、クルーズ船を迎え入れる港湾地域サイドでは、船社サイドの責任権限を有する部署責任者との緊密な連携を強固にする必要があります。

図 7-4　寄港地での歓迎の様子
受入港湾地域とのパートナーシップが大切

7-3 マルシップ混乗船

(1)　日本籍船の乗組員

日本は、「入管法」で一定の条件下での外国人就労を認めていますが、船舶乗組員については「船舶法」により、日本籍船は日本人乗組員（船員）でなければならないことが定められています。その理由は、以下のとおりとなっています。

① 貿易物資の安定輸送手段の確保

② 海上運送の安全及び環境保全の確保

③ 船舶運航等に係るノウハウの維持

④ 緊急時等における対応等

これらは、いずれも、国内輸送（内航船）・海外輸送（外航船）の双方を対象としています。国際競争下で海外輸送を担う外航海運事業者にとって、日本人船員の育成不足や賃金高騰による日本人船員採用・確保の困難性は大きな課題となりました。このことは、日本籍船舶としての運航を取りやめて便宜置籍船（税金の安い国に便宜的に船舶の国籍を置くこと）の運航に切り替える事業者が増加する状況を生み出し、日本籍の船舶数が激減する事態をもたらすこととなりました。

(2)　外国人船員の就労を可能とした「マルシップ混乗船」

このような状況下、日本籍船への外国人船員の就労を可能とするため、長年の労使交渉を経て、「海外貸渡しにより外国の船社が配乗権を持っているものについては、外国人船員を配乗できる」としたマルシップ混乗方式を認めることとなりました。

一般商船で認められていたマルシップ混乗が客船（クルーズ船）にも認められたのは1989年（クルーズ元年）のことです。郵船クルーズが運航する初代「飛鳥」がマルシップ混乗客船の第1船として外国人船員の船内就労の体制を整えました。

現在就航している日本籍クルーズ船である「飛鳥Ⅱ」や「にっぽん丸」は、運航部門職員のみが日本人船員でなければならないと規定されています。実際の船舶運航にあたっては運航会社と海員組合の労使協定で、それぞれの船についての船員配乗に関する約束事を取り交わし、日本人船員と外国人船員との職

図 7-5 『飛鳥Ⅱ』で乗客を迎えるクルー

場を取り決めて、日本人船員と外国人船員を混成配乗しています。

(3) マルシップ混乗オペレーションのスキームモデル

それでは、実際にどのようにして日本籍船に外国人船員を乗り込ませているのでしょうか。そのスキームモデルは、以下のとおりとなっています。

① A社(船主)は、クルーズ船「X丸」をB社(外国船主法人)に裸用船で貸し渡す。(裸用船:船主が船舶のみを貸し出し、乗組員配乗などは借り受け者が行う用船形式のこと)

② B社は、「X丸」に外国人船員を配乗し、A社にチャーターバックする。(チャーターバック:裸用船した船に乗組員を配乗した形で戻すこと)

③ A社は、C社(船舶管理会社)と船舶管理業務契約を結び日本人船員を配乗する。

④ D社(運航会社)は、A社より「X丸」を定期用船し、サービス要員を配乗する。

このような複雑な手順を経て、日本籍船で日本人船員と外国人船員がともに働く就労環境を整えることができるのです。

表7-2 海外貸渡し方式のスキーム

①日本籍船の船主は船舶を外国船主法人に裸用船で貸し渡す
②外国船主法人は外国人船員を乗せる
③外国船主法人は外国人船員を乗船させて日本船主にチャーターバックする

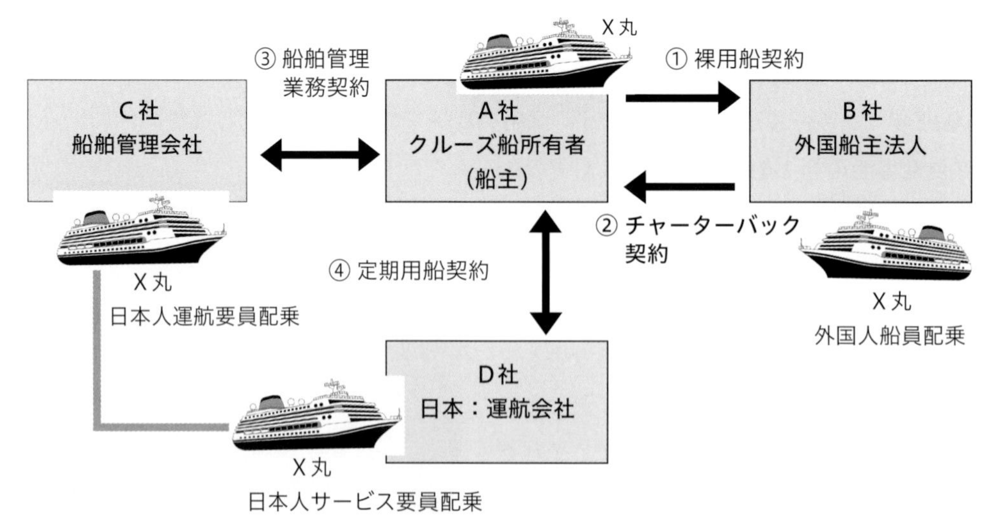

図7-6 マルシップ混乗オペレーションのスキームモデル

7-4 クルーズ船の運航形態（自主クルーズとチャータークルーズ）

クルーズ船の運航形態は、「船社による自主クルーズ」と「旅行会社などの傭船者によるチャータークルーズ」に大別されます。運航形態により業務上の責任や権限を有する者が変わるので、港湾サイドでは寄港時におけるクルーズ船の運航形態を把握する必要があります。

(1)　自主クルーズ

自主クルーズは、クルーズ船の運航会社（船社）がクルーズ船のスケジュール・寄港地を決め、自社で企画した寄港地でのオプショナルツアーを含めたクルーズ商品を販売する形態です。船社がすべての決定権を有しています。船社自主クルーズは、「レジャークルーズ」と呼ばれることもあります。

わが国では、自主クルーズを船社が直接販売（直販）する割合は非常に小さく、大部分は船社が提携する旅行会社が販売しています。クルーズは旅行商品として販売されており、船社と提携する旅行会社はクルーズを自社の旅行商品として販売しているのです。実際には、パンフレット本体は船社が作成し、表紙と裏表紙だけを提携する旅行会社が自社のロゴや自社の旅行条件などを掲載する形になっています。したがって、どの旅行会社でクルーズを申し込んでもクルーズの中身、代金は同じとなります。

提携する旅行会社の多くは、自らがホールセラー（卸売り会社）となり、他の旅行会社にクルーズ商品を委託販売させることもあります。この販売形態は「リテール販売」と言われています。

(2)　チャータークルーズ

チャータークルーズは、傭船者（用船者＝クルーズ船をチャーターする会社）がクルーズ船のスケジュール・寄港地を船社に要請して船社の決定を促し、傭船者が企画した寄港地でのオプショナルツアーを含めたクルーズ商品を販売する形態です。傭船者が寄港地選定の発言権を持ち、寄港地オプショナルツアーの企画・実施の決定権を有しています。傭船者のことを「チャータラー」ともいいます。

チャータラーは船社と傭船契約（用船契約）を結び、船社と協議しながらクルーズスケジュールなどを決めます。クルーズ代金はチャータラーが決定します。

日本では、旅行業法の規定により、一般消費者にクルーズを販売できるのは登録を受けた旅行業者（登録旅行業者）に限られます。同様にチャータークルーズの販売も登録旅行業者に限られます。このため、チャータラーは登録旅行業者になるのが一般的です。

社員旅行のように一般消費者に向けて募集、販売をしない場合には、当該企業がチャータラーになることはありますが、ケースとしては稀です。

① オーガナイザー

社員旅行や報奨旅行などを実施する企業・団体をオーガナイザーといいます。社員旅行などは、一般消費者に向けて募集・販売しないので、オーガナイザーがチャータラーになる場合もあります。

この場合でも、旅行手続きなどがあることから、実際にはオーガナイザーが自らチャータラーになるのではなく、オーガナイザーが指名した旅行会社がチャータラーになる場合が多いようです。

② ブロックチャーター

クルーズ船の傭船は、全船傭船（フルチャーター）が原則ですが、船の一部客室を傭船する場合もあり、これを「ブロックチャーター」といいます。複数の旅行会社が協働してチャーターする場合がありますが、これは「コンソリ（Consolidation）チャーター」と呼ばれています。

ブロックチャーターの場合の権限についてはケースバイケースとなるため、船舶代理店経由で船社に確認する必要があります。特に寄港地でのオプショナルツアーはブロックチャーターをする傭船者の権限で企画・実施されるケースが多いため、ツアーの催行状態を把握するにはその権限の所在を確認しておく必要があります。

③ 業務担当会社

クルーズの運航形態が自主クルーズかチャータークルーズかによって、業務担当会社が異なります。表7-3にクルーズ関連業務の担当会社について、クルーズの運航形態ごとに整理しました。

表7-3 クルーズ関連業務の担当会社

運航形態	運航計画	クルーズ販売	寄港地ツアー
自主クルーズ：船社直接販売	クルーズ船社	クルーズ船社	クルーズ船社
自主クルーズ：旅行会社販売	クルーズ船社	旅行会社	クルーズ船社
フルチャータークルーズ：	チャーター会社（傭船社）	チャーター会社（傭船社）	チャーター会社（傭船社）
ブロックチャータークルーズ：	主チャーター会社（傭船社）	ブロック会社（傭船社）	ブロック会社

7-5 乗　組　員

(1)　多様な職種により構成される乗組員

クルーズ船の乗組員は、さまざまな国籍の人により構成されています。多様な職種に分かれ、職種と職級により業務責任と権限を明確化しています。

クルーズ船の運航を担う運航要員は、甲板部、機関部、医務部にわかれて所属し、雇用主は船舶管理会社である場合が多くなっています。

クルーズ船の船内サービスを担うサービス要員は、パーサー部門、ハウスキーピング部門、レストラン部門、バー部門、ギャレー（調理）部門などにわかれて所属します。雇用主は船上ホテルサービス会社である場合が多いです。

寄港地でのツアーを担うツアー要員は、ツアー業務受託会社からの派遣者である場合が多く、船内での各種イベントの進行などを担うエンターテインメント要員の雇用主は、ホテルサービス会社である場合が大半です。

ショーなどのキャストはエンターテインメント会社からの派遣者である場合が多くなっています。その他、船内でのショップや美容室での要員は、各店舗会社からの派遣者が多いなど、多様な人員によって構成されています。

表 7-4　クルーズ船の乗組員の構成

船内職種	雇用主
船長以下運航要員	船舶管理会社
ホテルマネージャーなどのサービス要員	船上ホテルサービス受託会社
ツアーマネージャーなどのツアー要員	ツアー業務受託会社／運航会社
エンターテインメント要員	エンターテインメント会社／船上ホテルサービス受託会社
ショップ・美容室など要員	船上店舗会社／船上ホテルサービス受託会社
＊業務乗船者	乗組員資格ではなく乗客資格で乗船している関係者

図 7-7　クルーズ船で開催されるイベントのエンターテインメント要員も大事な乗組員

(2) 乗組員の職級と役職

船の仕事は、多くの乗組員が交代しながら勤務し、その職務に応じて仕事をする職務制がベースになっています。同一の職務の中での責任・権限を明確にした職級役務が定まっていますので、ある種の階級社会が形成されています。

乗組員の職級役務は制服の肩章や袖章に表わされています。職級は金筋、銀筋、筋なしの３種にわかれ、さらに各筋ごとに筋の数によって職級がわかるようになっています。

「金筋４本」は船長クラス、「金筋３本」は一等航海士クラス、「金筋２本」は二等航海士クラス、「金筋１本」は三等航海士クラス、「銀筋」は下士官クラス、などとなっています。

図 7-8 の郵船クルーズの乗組員の肩章は、船長の肩章金筋を他の職種職級者より太くして本船の最高責任者であることを示しています。また、船医の肩章金筋は３本半とし、職級が船長クラスと一等航海士クラスの間であることを示しています。

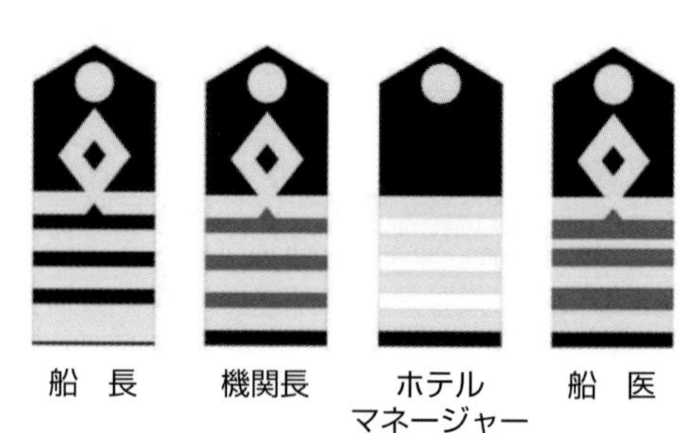

図 7-8 クルーズ船の乗組員の肩章
（出所：郵船クルーズ）

図 7-9 大阪港に入港する「飛鳥Ⅱ」（撮影：中村庸夫）
クルーズ船では多くの乗組員が活躍する

② クルーズ関連業務

7-6 船舶代理店（船舶総代理店と現地船舶代理店）

クルーズ船の寄港に大きな役割を果たしているもののひとつが、船舶代理店です。

船舶代理店は、クルーズ船運航会社（船社）の支店など出先機関が設置されていない港湾で、船社の代理者として船舶の入港から出港までの保守、検査などの手配を行う事業者です。関係官庁への入出港手続きや港湾在港中の対応を主な業務として担っています。

クルーズ船の船舶代理店には、貨物の船積みや陸揚げに伴う業務は存在しませんが、多くの乗客と乗組員を対象とすることから CIQ を含めたさまざまな官公庁、民間と度重なる調整が求められます。そのため、専門的知識と経験を要する業務といえます。

船舶代理店は、「縁の下の力持ち」的な存在であるといえます。表では、あまり目立ちませんが、豊富な知見と経験をもち、業務を熟知したベテランの代理店員がクルーズ業務にあたるケースが多く、地元でのクルーズ船・船社の誘致・受入にあたっては貴重な存在となっています。

船舶代理店には、「船舶総代理店」と「現地船舶代理店」があります。船舶総代理店は、船社と現地船舶代理店の間に立ちますが、日本船では船舶総代理店を通さずに現地船舶代理店と直接取り引きするのが一般的です。

船舶総代理店、現地船舶代理店の役割と業務などについて以下のとおり紹介します。

(1)　船舶総代理店とその役割

日本船では船舶総代理店を通さないのが一般的ですので、ここでは外国のクルーズ船について解説していきます。船舶総代理店は、クルーズ船運航会社（船社）と現地船舶代理店の間に立ち、船社と現地を繋ぐ重要な役割を担っています。船社にとっては、コンタクト先が船舶総代理店に一本化されることで、寄港地ごとにそれぞれの現地船舶代理店を選定する必要がなくなり、効率的です。

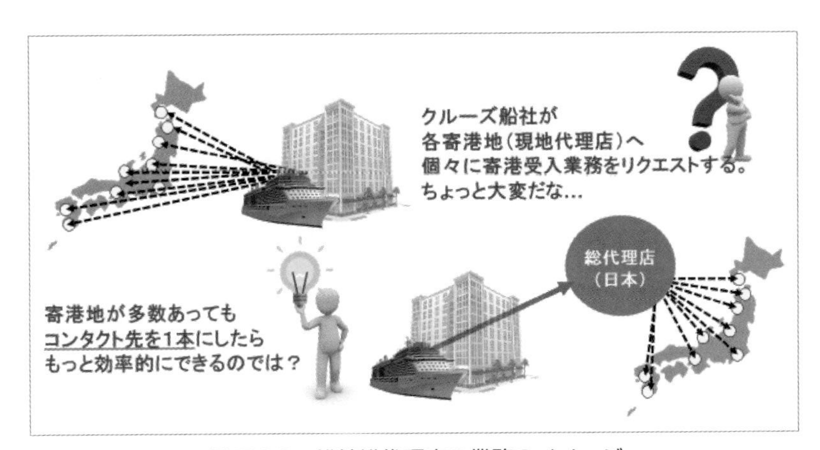

図 7-10　船舶総代理店の業務のイメージ

(2) 船舶総代理店の主な業務

クルーズにおける船舶総代理店の主な業務をまとめると、次のようになります。

① ブッキング（港・岸壁等の予約）

船社から寄港日程を入手し、リクエストどおりに予約していく。特に注視するポイントは、出入国可能か、安全に入港できるか、など。

② 港費などの算出

スケジュールされた寄港ごとに港費及び関連費用を算出し、提供する。可能な限り「寄港日」に沿って算出する。（例：新しくターミナル使用料が発生した場合など）

③ 各情報・データの提供 / 更新（港・岸壁・CIQ 関連など）

・港湾計画（ターミナル建設など）で情報が更新された場合

・港費算出に関連する料金等が改定された場合

・各法令や手続きに改定・変更があった場合、など

④ 新規寄港地開拓および提案

・新しい寄港地を模索し、船社の条件に適合するのであれば提案する。

・未開拓な寄港地はコンディションを調査し、実現に向けてソリューションを見出す。

・現地提供サービスを拡充するため各プロバイダーと連携する、など

(3) 現地船舶代理店とその役割

現地船舶代理店は、船舶総代理店から寄港地（現地）の船舶代理店としてアポイントされます。「現地船舶代理店」、「船舶代理店」、「現地代理店」などとも呼ばれます。

現地船舶代理店は、本船（船長）の入出港手続きを代行し、付帯業務（船員関連・船用品関連など）を船社（もしくは船舶管理会社）に代わって手配します。

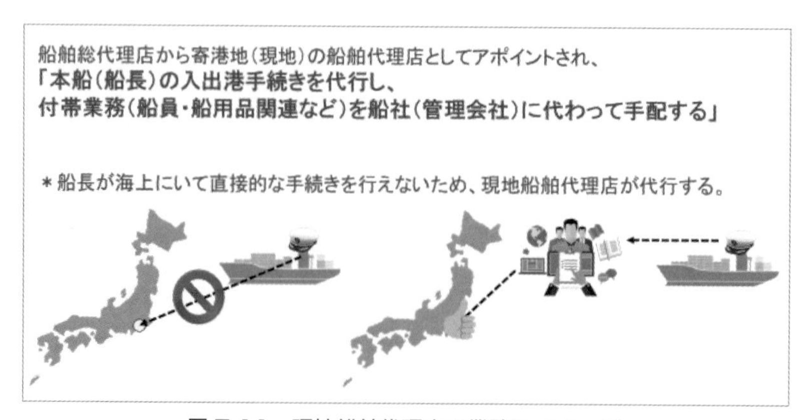

図 7-11 現地船舶代理店の業務のイメージ

(4)　現地船舶代理店の主な業務

現地船舶代理店は、船舶総代理店からアポイントされて以降は、直接本船とやり取りを行います（船舶総代理店にはccを入れる）。現地船舶代理店の業務は多岐にわたりますが、大きくは「出入港手続きと手配」と「付帯業務と手配」があります。

表7-5　入出港手続きおよび手配・調整（左）と主な付帯業務（右）

手続き	保安情報通報：海上保安部
	保障情報通報：運輸局
	検疫通報：検疫所（本船・船員・乗客）
	入港通報：税関（積載貨物・船員・乗客）
	入港通報：入国管理局（船員・乗客）
	係留施設利用：港湾管理者
手　配	水先人、タグボート、岸壁、綱取放　など
調　整	運航者、ターミナル管理者、港湾管理者、荷役会社　など

船員交代（書類手続き・ホテル・送迎）
船用品手配・積込み・陸揚げ
船用金手配・配達
船舶給水・食料品調達など
廃棄物の陸揚げ・運搬・処理
船舶衛生検査手配
医療サービスの手配（緊急）
テクニカル手配（設備点検など）
訪船手続き

(5)　クルーズ船運航会社（船社）・本船と船舶総代理店・現地船舶代理店の関係

船社・本船と船舶総代理店・現地船舶代理店をまとめると図7-12のようになります。

クルーズにおける業務は、①船社は日本の船舶総代理店に業務を依頼する、②船舶総代理店は寄港地（現地）の船舶代理店をアポイント（指名）し、業務委託する、③現地船舶代理店は直接本船とやり取りし、入出港に関わる諸手続き・手配及び付帯業務に関わる諸手続き・手配を代行する、④本船は船社にフィードバックする、といった流れになります。

船舶代理店業務については別の観点からいえば、「船舶船総代理店は船社と現地船舶代

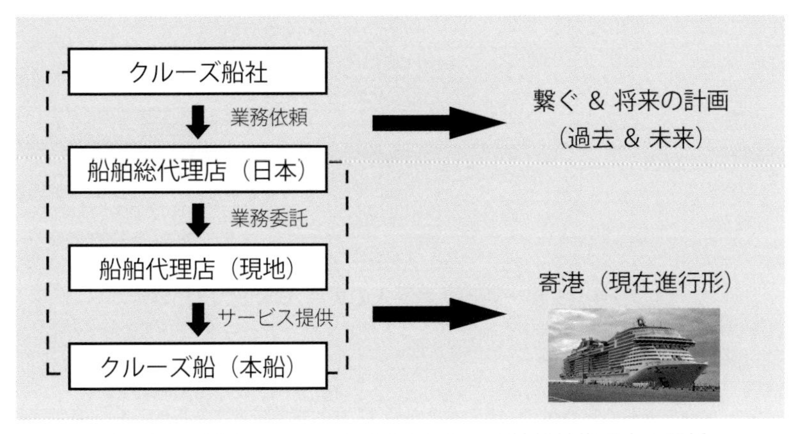

図7-12　船社・本船と船舶総代理店・現地船舶代理店の関係

理店への繋ぎ及び将来の寄港に向けた業務を担い」、「現地船舶代理店は現在進行形の業務を遂行する」となります。

(6) 現地船舶代理店のクルーズ船寄港受入の実務

現地船舶代理店のクルーズ船寄港受入実務の例を、寄港前と寄港当日とで示すと下図のとおりとなります。

事前準備／打合せ
関係者と協議（船社、CIQ、港湾管理者など）
• 全体日程の確認／調整
• 乗員／乗客情報の提供（人数／国籍内訳など）
• 出入国プロセスのスケジューリング
• 乗降客下船情報およびオペレーションプラン
• 人流および車両導線の調整
• その他特記事項（セレモニー、積込み段取りなど）

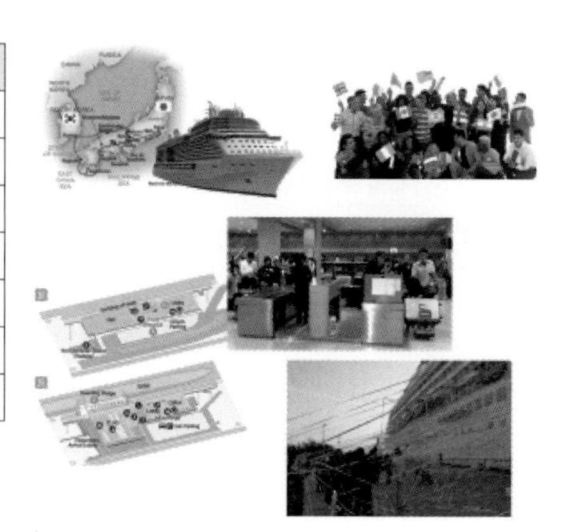

図 7-13　クルーズ船寄港受入の実務（寄港前）の例

本船アテンドおよび諸手配遂行
• 入出港書類確認／提出手続き
• 寄港時手配内容確認
• 審査／検査立合いおよび対応
• 岸壁オペレーション立合いおよび対応
• 訪船者対応（表敬・セレモニーなど）
• 緊急時対応（メディカルなど）

サンプルスケジュール	
7時00分	着岸
7時15分	CIQ officers乗船+代理店（入港手続き）
7時45分	本船クリアランス
8時00分	入国審査／検査開始
8時15分	上陸開始
8時30分	ツアーバス発車（順次）
10時30分	入国審査終了
11時30分	表敬者訪船
13時00分	歓迎セレモニー
14時00分	出国審査／検査開始
15時00分	ツアーバス帰船（順次）
16時30分	出国審査終了＋代理店（出港手続き）
16時45分	出港セレモニー
17時00分	出港

図 7-14　クルーズ船寄港受入の実務（寄港当日）の例

【注】使用した資料は、2022年10月に実施された「2022クルーズポート・セミナー」でのJAFSAの講演資料を一部抜粋、改定したものである。
JAFSA：外航船舶代理店業協会（Japan Association of Foreign-trade Ship Agencies）
2022年9月末現在、正会員75社・支店会員31社・賛助会員12社合計118社で構成される外航船舶代理店業者の協会である。船舶総代理店・現地船舶代理店などが参画している

7-7 ランドオペレーター

(1) ランドオペレーター

ランドオペレーターは、「ツアーオペレーター」とも呼ばれています。旅行業法では「旅行サービス手配業」のひとつとされており、報酬を得て、旅行業者（外国の旅行業者を含む）の依頼を受けて、

① 運送（鉄道、バスなど）または宿泊（ホテル、旅館など）の手配
② 全国通訳案内士及び地域通訳案内士以外の有償によるガイドの手配
③ 免税店における物品販売の手配

を行うもの、と定義されています。

旅行業法の改正により、旅行サービス手配業を営む者には、2018年1月4日から登録が義務付けられています。（すでに旅行業登録を持つ者は重複して旅行サービス手配業の登録を受ける必要はない）

(2) ランドオペレーターの業務

日本に寄港するクルーズでのランドオペレーターの主な業務は、寄港地ツアーの手配・運営及びグランドサービスの手配・運営です。グランドサービスには、シャトルバスサービス、乗船客入替時の手配、プライベートツアーの手配、などがあります。

日本船の日本国内の寄港地ツアーの場合は、バス・食事施設・観光施設などは船社が直接手配することが多く、ランドオペレーターに依頼することはあまり多くはありません。

外国船の日本国内の寄港地ツアーの場合は、船社が直接手配することはほとんどなく、ランドオペレーターを起用するのが一般的です。

ここでは、ランドオペレーターの業務について、外国船の日本寄港に絞って説明します。

① 寄港地ツアーの手配・運営

ランドオペレーターは、船社の依頼に従って寄港地ツアーの手配・運営を行います。手配内容は、バス・通訳ガイド・食事施設・観光施設・体験施設など多岐にわたり、当日のツアー運営もランドオペレーターがコントロールします。

寄港地ツアーの決定権者、主体者は船社ですが、ランドオペレーターは、船社の依頼に応じて寄港地ツアーの企画提案をすることもあります。日本寄港の多い船社は、特定のランドオペレーターと期間契約を結ぶ場合がありますが、船社によっては寄港ごとにランドオペレーターを指名することもあります。

地方港の寄港地ツアーの場合、寄港地に支店があったとしてもランドオペレーター本社経由で手配することがあります。また、これまでの例では、中国発着クルーズの場合は中国系のランドオペレーターが起用されることが多くなっています。

② シャトルバスの手配・運営

港から市街地が離れている場合、船社はシャトルバスを運行することがあります。利用料金は船社や寄港地によって異なりますが、有料の場合と無料の場合とがあります。また、港・市街地間の距離によって、時間を決めての定時運行をする場合とピストン運行する場合とがあります。

ランドオペレーターは船社の依頼に応じ、シャトルバスの手配・運営を行います。シャトルバスの市街地発着場所について、船社に提案することもあります。

③ 乗船客入れ替え（ターン・アラウンド）の手配

港で乗船客の入れ替えを行うことをターン・アラウンド（Turn Around）といいます。

この場合、ランドオペレーターは船社の依頼に応じ、空港 ⇔ 港間の移動の手配（人・荷物）をします。乗船前ツアーや下船後ツアーがある場合は、船社の依頼に応じ、企画・手配・運営を行います。

乗船受付がある場合は、船社の依頼に応じ、必要なサポートを行います。また、下船後行動の手配・サポートをすることもあります。

④ プライベートツアーの手配

個人や小グループで行動する人のために、ランドオペレーターは船社の依頼に応じ、タクシーや観光施設、食事施設の手配などを行います。

また、FIT（個人行動客）向けツアーを船社に企画・提案することもあります。

図 7-15 クルーズ船寄港地で待つシャトルバスとバスに向かう外国人旅行者

表 7-6　寄港地でのランドオペレーターの主な業務

① 寄港地ツアー（Shore Excursion）	
1）寄港地ツアーの企画・提案	→ 船社の依頼に応じて、企画・提案する。
2）寄港地ツアーの手配	→ バス・ガイド・通訳・観光施設・食事施設などの手配
3）寄港当日のツアー運営・管理	
② シャトルバス（Shuttle Bus Service）	
1）シャトルバスの手配	→ 港⇔市街地間のシャトルバス手配
2）寄港地当日のシャトルバス運営・管理	
③ 乗船客の入れ替え（Turn Around）	
1）空港⇔港間の移動手配（ヒト＆荷物）	
2）乗船前ツアー・下船後ツアーの手配・運営	
3）乗船受付のサポート	
4）下船後行動の手配・サポート	
④ プライベートツアー（Private Tour）	
1）個人・小グループの旅行手配	→ 船社を通じて依頼があった場合に対応する。
2）FIT 向けツアーの企画・提案	→ 船社に企画・提案する。

第8章　船舶運航に関わる国際ルール

環境対応と感染症対応

8-1　クルーズ船からの排水管理

クルーズ船内では、プールやジャクジーなどをはじめ、さまざまな施設で膨大な「水」を使用します。そこで使用された「水」は、ふん尿などの汚水（ブラックウォーター）とシャワーや洗濯水などの雑排水（グレイウォーター）に分類されます。

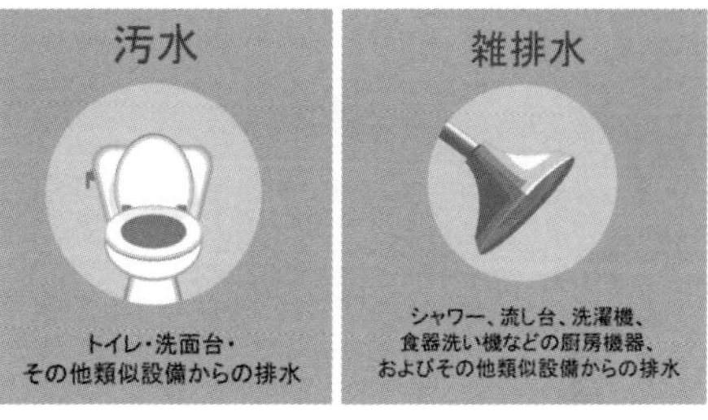

図 8-1　汚水（ブラックウォーター）と雑排水（グレイウォーター）

船で使用された水は、無造作に海に排出するわけにはいきません。船内で発生した、汚水および雑排水の船外への排出については、船舶の運航や事故による海洋の汚染を防止するための国際条約「MARPOL（マルポール）条約」（国内法は「海洋汚染防止法」）などによって規制されています。

(1)　ブラックウォーターとグレイウォーターの取り扱い

ブラックウォーターは、有毒な細菌が含まれることが多いため、マルポール条約では、「船外排出については、規定に基づく汚水浄化装置で処理し、きれいになった水だけを船外排出することができる」としています。

グレイウォーターの船外排出は、マルポール条約の規定がありませんので、基本的に海に流しても構わないとされていますが、多くの国際クルーズ船運航会社が所属しているクルーズライン国際協会（CLIA）では、協会が独自に船外排出に関する内規を定めており、CLIA の加盟船はその内規に従って処理しています。ただし、日本船は CLIA に加盟していませんのでマルポール条約に従って対応しており、基本的には船外排出の制限はありません。

(2)　グレイウォーターの排出規制強化

国際クルーズ船運航会社は、世界的な環境基準の厳格化が志向されるなかで、いままで以上にクリーンで環境に優しいクルーズを提供するために、環境に配慮した取り組みを重要経営方針としています。マルポール条約で制限されていない雑排水の船外排出についても、CLIA 内規の汚水同様の排水基準が世界の標準となる時が間もなく来るでしょう。

(3) カナダのクルーズ船の排出管理

カナダ政府は、2022 年のクルーズシーズン開始にあたって、業界と協議のうえ、クルーズ船による生活排水と汚水の排出に関して、以下のような規制強化を発表しました。

① 地理的に可能であれば、海岸から 3 海里以内での海域における生活排水と処理済み汚水の排水を禁止。

② 海岸から 3 海里から 12 海里の海域において、生活排水や汚水を排水する前に、可能な限り事前処理を行う。

③ 海岸から 3 海里から 12 海里の海域において処理済み汚水を排水する場合には、承認された汚水処理装置を使用して、汚水処理を徹底する。

④ カナダ領海内で、生活排水・汚水を排出する場合は、上記の規制の順守状況について、同国運輸省に報告する。

これらの規制強化は、当面は自主規制ですが、カナダ政府は「法改正をして法的拘束力を持つものとし、カナダの海洋保護区を 2025 年までに全体の 25%、2030 年までに 30% に拡大する」との海洋保護政策を打ち出しています。

8-2 脱炭素への取り組み：ゼロカーボンクルーズ

国際クルーズ業界は、クルーズ船による脱炭素化社会実現のために、新しい燃料や推進システムなどの関連技術の研究開発に取り組み、2050 年の「ゼロカーボンクルーズ」を目指しています。そのための中間目標として、2030 年までに炭素排出量を 2008 年レベル比 40% 削減を掲げ取り組んでいます。

(1) 液化天然ガス（LNG）燃料

クルーズ船運航会社（船社）は、バイオ燃料やバイオディーゼル、メタノール、アンモニア、水素、燃料電池などの持続可能な船舶燃料の開発を進めています。開発までの移行期の燃料として、硫黄排出量がゼロで、粒子状物質の排出量が 95 ～ 100%、NOx（窒素酸化物）の排出量が 85% 削減され、温室効果ガスの排出量が最大 20% 削減される LNG の使用を積極的に取り入れています。CLIA では「2022 年 8 月現在、CLIA 加盟船で LNG を使用できるクルーズ船は 9 隻、LNG を使用する新造船は 23 隻」と発表しています。

(2)　ハイブリッド ソリューション

航海中の炭素排出量を削減するためのハイブリッド・アプローチの一環として、CLIA は「今後 5 年間に進水する新造船の 15% 以上が燃料電池またはバッテリーを搭載するようになる」と発表しています。

(3)　陸上電力供給（SSE=Shore Side Electricity システム）

寄港地での炭素排出量を削減するための「陸上電力受電施設」（SSE システム）を有するクルーズ船が増加しています。CLIA では「2021 年 8 月現在、SSE システム装備船は 81 隻、システム装備予定船は 83 隻、システム装備予定新造船は 45 隻」と発表しています。

一方で CLIA は、「加盟船が寄港する港で陸上電力供給システムを有する寄港地（岸壁）は 2022 年 8 月現在 28 か所あり、世界寄港港の 2 % 未満である」とも発表しています。SSE システムは、船舶と港湾の双方が装備することが絶対要件であるため、寄港地における SSE システム装備推進を CLIA は促しています。SSE システムを有する寄港地は次表のとおりとなっています。

図 8-2　SSE システム

表 8-1　SSE システムを有する寄港地

国	数	港　湾
オーストラリア	1	シドニー
カナダ	3	ハリファックス、モントリオール、バンクーバー
中　国	4	青島、上海、深圳、厦門
ドイツ	3	ハンブルグ（アルトナ）、キール、ロストック（ワレネミュンデ）
イタリア	2	チビタベッキア、ジェノバ
ノルウェー	4	ベルゲン、フロム、カルムスンド、クリスチャンセン
韓　国	1	仁川
スウェーデン	2	ヴェルゴ、イースタッド
イギリス	1	サウサンプトン
アメリカ	8	ブルックリン、ジュノー、ロングビーチ、サンペドロ、オークランド、サンディエゴ、サンフランシスコ、シアトル

8-3 クルーズ船運航会社とクルーズ船の感染症対応

（1） クルーズ船での衛生管理

船内で感染症が発生すると、陸上からの支援が受けづらいため、閉ざされた空間の中での自力対応が必要となります。船社や船舶での感染症対応は、クルーズ船運航事業者にとって最大かつ最優先事項といえます。特にクルーズ船をはじめ、他国間を結ぶ国際航海に就く船舶は、『世界保健機関（WHO）船舶衛生ガイド』に従って船内の衛生管理を行っています。この『 WHO 船舶衛生ガイド』は、船内での感染症予防及び拡大防止を図るため、船内設備及び運用における衛生要件についての世界標準を WHO が定めたものです。

（2） 世界保健機関（WHO）による『船舶衛生ガイド 第３版』

2000 年を過ぎたころから、クルーズ船ではノロウイルス（ウイルス性胃腸炎）による集団胃腸疾患が幾度となく発生し、船内のウイルス性腸内感染症防止を強化する必要がありました。それに伴い WHO は、船舶の構造の変更やレジオネラ症、ノロウイルスなどへの対応を含めた『船舶衛生ガイド 第 3 版』を 2011 年に発行しました。

この『船舶衛生ガイド 第 3 版』では、水、食品、廃棄物、媒介動物などに関する規定とともに、感染症発生時の抑制の規定を設けました。ノロウイルスのような胃腸疾患とインフルエンザのような急性呼吸器疾患にわけて対応策を規定していますが、主にノロウイルス抑制に焦点を当てた内容となっています。

新型コロナウイルス感染症（以下、新型コロナ）が発生した 2019 年～ 2020 年にかけても、すべての船舶では『船舶衛生ガイド第 3 版』に従って感染症対策を含めた船舶衛生管理を行っていました。

（3） 新型コロナウイルス感染症対策マニュアル作成・遵守

世界のクルーズ船運航会社は、2019 年に発生し、またたく間にパンデミックと化した新型コロナの対策として、『新型コロナウイルス感染症対策マニュアル（プロトコル）』を作成・遵守し、国際クルーズを再開させました。

日本政府は、日本のクルーズ事業者団体である日本外航客船協会（JOPA）に感染症対策ガイドラインの作成を求め、各クルーズ船社に感染症対策マニュアル（衛生管理規定）の届け出を義務化しました。日本政府（国土交通省）、クルーズ事業者団体（日本外航客船協会）、第三者機関（日本海事協会）、クルーズ事業者（邦船各社）におけるそれぞれの取り組みと関係性は、次図のとおりとなっています。

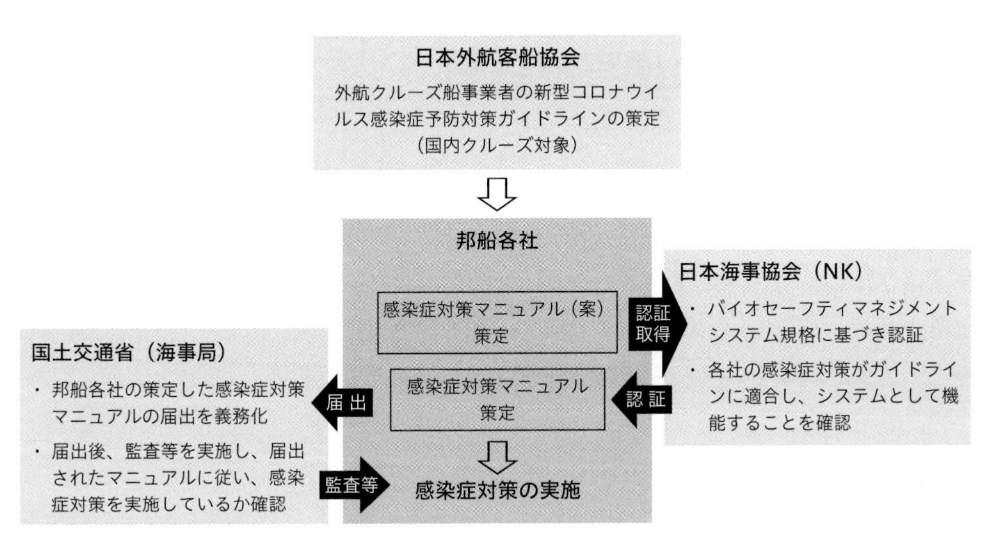

図 8-3　クルーズ関係機関による感染症対策の取り組みと関係性

(4)　新型コロナがもたらした国際法上の課題

国際クルーズ船の運航責任は船舶所有者（船主）が有し、クルーズ船の登録国（旗国）の規則に応じるとなっていますが、「ダイヤモンド・プリンセス」で新型コロナが発生した際に、その対応について「船内感染対応責任所在は旗国・運航国・寄港国のいずれにあるのか」との課題が顕在化しました。

「ダイヤモンド・プリンセス」の旗国は英国であったので、船舶の運航責任・衛生管理責任を有する旗国（英国）が感染拡大防止対策を担うべきでしたが、実態は寄港国であった日本が拡大防止に向けて対応することとなりました。

今回の事象は、感染症対応の一事例に過ぎませんが、クルーズ船の国際運航には寄港国単独では解決できない問題が多く、船舶の旗国や運航国といった関係国との国際協力が不可欠となります。そのための新たな国際ルール作りが必要であるとの課題は認識されましたが、解決方法については、いまだ道筋が見えず、今後の対応を待つところとなっています。

表 8-2　「ダイヤモンド・プリンセス」の運航責任の関係

旗　国	船を所有している会社の所在国	英国
運航国	船を運航している会社の所在国	米国
寄港国	船が寄港した港の所在国	日本

 安全管理と便宜置籍船

8-4 船舶安全管理

世界の国際クルーズ船運航会社（国際クルーズ船社）の最高幹部が経営方針を語るとき、まずは「安全第一」を掲げます。船社の社会的使命は「安全」にあるといっても過言ではありません。国際クルーズ船社は、クルーズ船を国際海事機関（IMO）の基準に則って建造・運航し、「安全確保」を最優先事項として取り組んでいます。

(1) 国際法：国際安全管理コード（ISM コード）

「国際安全管理コード」（ISM コード）は、1987 年に発生した英国籍フェリーの転覆事故を契機に、IMO 基準のひとつである「海上における人命の安全のための国際条約（SOLAS）」に取り入れられました。国際クルーズ船社は、「ISM コードに適合した安全管理システムによる安全管理を厳格に実施しなければならない」とされています。

ISM コードでは、「船舶の安全運航責任・権限を有する者は、船舶所有者または船舶管理者」となっており、船舶運航に責任を有する者が船舶所有者以外の場合は、責任を有する者の名称などを届け出なければならない、としています。クルーズ船の安全運航責任・権限は、一部のケースを除いてクルーズ船運航会社ではなくクルーズ船の船舶所有者もしくは船舶管理会社にあります。このことをしっかり認識して対応する必要があります。

(2) 国内法：運輸安全マネジメント制度

「運輸安全マネジメント制度」は、2005 年に発生した JR 西日本の福知山線列車脱線事故など、ヒューマンエラーを起因とする事故が連続発生したことを契機に、2006 年に導入されました。運輸事業者の安全管理体制について国が監視する体制を構築し、国と事業者がともに運輸事業の安全を高めることを目的としています。

運輸安全マネジメント制度により、船舶運航事業者には以下が求められています。

① 海上運送法に従い安全管理体制を構築すること
② 構築した安全管理体制を記載した安全管理規程を作成すること
③ 安全統括管理者を選任すること

海上運送法での船舶運航事業とは、「海上において船舶により人または物の運送をする事業」であり、クルーズ産業ではクルーズ船運航会社が相当します。

ISM コードでは対象事業者は船舶所有者・船舶管理者ですが、運輸安全マネジメント

制度では、対象事業者はクルーズ船運航会社となります。ISMコードと運輸安全マネジメント制度とでは、対象事業者が異なることを認識しておく必要があります。

(3)　船舶と港湾施設の保安のための国際コード（ISPSコード）

「船舶と港湾施設の保安のための国際コード」（ISPSコード）は、2001年9月11日に米国で起きた同時多発テロ事件を発端として、船舶をテロの標的とすること、船舶をテロ関与者や資機材の輸送手段として用いること、船舶をテロの武器として用いることを防止するため、2004年にSOLAS条約に取り入れられました。

ISPSコードには、船舶と港湾の保安計画作成・実施、船舶・船社・港湾による保安職員の任命など保安強化のための広範な要件が規定されており、船舶へのアクセス管理、船舶・港湾双方向の人と物の動きを監視・制御する方策も明記されています。

ISPSコードの規定対象船舶は、国際航海に従事する旅客船を含む高速船や、総トン数500トン以上の貨物船であり、対象となる港湾は国際航海に従事する船舶に供する港湾施設となっています。（国際航海に従事しない船舶は対象外）

国際港湾における港湾区域への人や車両の出入りはISPSコードにより制限されています。クルーズ船寄港時は乗客・乗員・一般市民など多くの人や多くの車両が港湾区域に出入りすることになるため、慎重な対応が求められるのです。

図8-4　港湾保安施設制限区域とその表示

8-5 便宜置籍船

(1) 船舶の船籍・船籍港

船舶は、人間の国籍に相応する「船籍」を有しています。船舶所有者（船主）の国籍が所在する国に船籍登録を行い、船主の住所地に船籍港を置くことになっています。船のマストには船籍登録をしている国の国旗を掲げ、船の船尾には船籍港を記しています。

クルーズ船の船尾を見ると、船名の下に「NASSAU」（ナッソー）や「PANAMA（パナマ）」と表記されている船をよく見かけます。「ナッソー」は船籍港を示していますが、これは、バハマの首都ナッソーが船籍港になっていることを表しています。

国際クルーズ船社が運航するクルーズ船の船籍として最も多い国はバハマで、船籍港は「ナッソー」、次に多い船籍はパナマ共和国で、船籍港が「パナマ」の船が多くなっています。

図 8-5　バハマ船籍のクルーズ船とパナマ船籍の商船

(2) 便宜置籍船とは

船舶所有者（船主）が所在する国を船籍とするのが通常の対応ですが、世界の中には外国籍の船主による船籍登録を認めている国家「オープン・レジストリー」があります。そのような国に便宜的に船籍登録する船を、「便宜置籍船」（flag of convenience ship. FOC）といいます。便宜置籍船は、船主の所在国とは異なる国家に船籍を置く船であり、船主の国籍国の国旗ではなく、便宜的に船籍を置いた国の国旗を掲げて運航しています。

(3) 便宜置籍のメリット

国際クルーズ船社にとっての便宜置籍のメリットには、①登録費用や税金が安い、②登録の手続きが簡単、③船員のコストを抑えることができる、などがあります。一方の便宜置籍を認める国にとっては、貴重な外貨収入源となるメリットがあります。そのため、この制度は世界標準となり、現在では世界の船腹量の３分の２ほどが、この便宜置籍船といわれています。

(4) 便宜置籍船の問題

便宜置籍船の問題は、以前より取り上げられさまざまな議論・対策がなされてきましたが、2020年の「ダイヤモンド・プリンセス」での新型コロナの発生により、便宜置籍船の「責任の所在」がわかりにくいとの問題がクローズアップされました。

船舶は「旗国主義」を採るので、英国を船籍国とする「ダイヤモンド・プリンセス」での新型コロナの集団発生時の対応責任は、英国にあるべきでした。ところが、船籍国である英国も、クルーズ船運航会社が所在する米国も対応せず、結果的に寄港国であった日本が船内の衛生管理や検査実施において寄港国の管轄権に基づいて対応するところとなりました。

このケースは、国際法上の「旗国」「運航国」「寄港国」の責任所在問題を浮き彫りにしました。特に、旗国が便宜置籍国であった場合の管理権はどうあるべきなのかが問われるところとなったりしましたが、いまだ明確な結論は出ていない、難しい問題となっています。

図 8-6 横浜港の大さん橋に停泊する「ダイヤモンド・プリンセス」と船籍港(LONDON)の表記

表 8-3 日本商船隊の船籍国

順 位	船 籍	割 合
1位	パナマ籍	56.9%
2位	日本籍	11.3%
3位	リベリア籍	6.3%
4位	マーシャル諸島籍	5.5%
5位	シンガポール籍	5.0%

(日本船主協会 HP 「SHIPPING NOW 2020-2021」より)

おわりに

アフターコロナの日本において、再び全国にクルーズ船が寄港するようになりました。日本籍船、外国籍船を問わず、日本近海にコロナ禍前を超える発着・寄港を期待したいと思います。

世界のクルーズに目を向けると、コロナ禍前の水準を2023年には超えるとの予想もあります。国際クルーズを運航する日本船社は残念ながら2社体制となりましたが、各社それぞれ新造船の建造を発表しており、キャパシティーの拡大を図るとしています。

また、外国船社はクルーズの積極的な拡大を図っており、日本近海における傾向として、日本発着クルーズ運航の拡充、ラグジュアリー船やエクスペディション船（探検船）の投入による訪日外国人や日本人客の拡大に取り組んでいます。これにより、日本人がクルーズに乗船する機会が増え、日本のクルーズ人口がさらに増加し、観光としてのクルーズが日本人にとって身近な存在になっていくことを願っています。

関係者の皆様には、本書が役立ち、快適なクルーズ船による観光ができるようなインフラの整備や観光コンテンツの造成にご努力いただけるよう祈念しております。

2023年10月

一般財団法人 みなと総合研究財団
クルーズ総合研究所
所長　山本　三夫

クルーズ関係用語集

ア 行

AIS (Automatic Identification System)	船舶自動識別装置。船舶の識別符号、船名、位置、針路、速力、目的地などの船舶情報を自動的にVHF電波帯で送受信し、船舶局相互間、船舶局と陸上局間で情報の交換を行うシステム。
アット・シー・デイ (At sea day)	終日航海日。どこにも寄港せず終日洋上を航海する日。
アフト (Aft)	船尾、船の後部。「トモ」ともいう。同意語：スターン（Stern）⇔フォア（Fore）、バウ（Bow）いずれも船首、船の前部。「オモテ」ともいう。
アンカー (Anchor)	錨。通常、船首部分左右に一対ずつ格納されている。小島や着岸できない港に停泊する時に使用される。アンカーを下ろし停泊することを錨泊（びょうはく）という。
インターポーティング (Interporting)	同一航路で複数回のクルーズを繰り返し実施することで、複数港で乗下船ができることをいう。複数の港で乗下船が可能になることで乗船客の利便性が増し、需要喚起につながるといわれる。
インファーマリー (Infirmary)	診療室、診療所のこと。船によって、「クリニック」、「メディカルセンター」など呼称は異なる。
インマルサット (Inmarsat)	国際海事衛星機構（International Mobile Satellite Organization）を母体とする国際衛星通信事業者およびその衛星通信サービスのことをいう。船舶を始め航空機、陸上交通機関による電話、パソコン通信などに利用されている衛星通信システムをいう。
ウエイター (Waiter)	レストランで飲食サービス全般を担当するスタッフ。
ウエルカムパーティー (Welcome party)	船長主催の乗船客歓迎パーティー。船によりスタイルは異なるが、船の幹部紹介などがなされたり、クルーズによってはシャンパンタワーや鏡開きが行われたりする。
エア・ドラフト (Air draft)	水面から船体構造物最先端までの高さをいう。エア・ドラフトは橋をくぐれるかどうかを判断する際に重要な数値である。
オフィサー (Officer)	上級船員の総称。航海士、機関士、船医、パーサーなどを指す。特に、船長、機関長、ホテルマネージャー、チーフパーサー、クルーズディレクターなどの幹部をシニアオフィサー（Senior Officer）という。⇔クルー
オーバーナイト・ステイ (Overnight stay)	寄港地で1泊以上船が停泊すること。乗船客は現地のホテルで宿泊することも可能。

オーバーランド・ツアー
(Overland tour)

寄港地から出発し、別の港で船に戻るまで飛行機やホテルなどを利用して実施するツアー。陸上での宿泊を伴うため、通常のショアエクスカーションと区別する意味合いで、寄港地ツアー（オーバーランド・ツアー）という。略して、ランドツアーという場合もある。

オールインクルーシブ・プラン
(All inclusive Plan)

チップやアルコール飲料代（銘柄は指定）、港費（ポートチャージ）がクルーズ代金に含まれているプラン。多くのラグジュアリー船で採用されており、「オールインクルーシブ・プラン」などと呼ばれる。

オンボード・クレジット
(On board credit)

船上で使用できるクーポン（金券）。船内での買い物代、飲み物代などの支払いに使用できる。

オンボード・ブッキング
(On board booking)

乗船中に先々のクルーズの予約をすること。割引が適用されるなど特典が付くことがある。

カ 行

外航船

関税法上の「外国貿易船舶」の俗称で、一般的には日本と外国の間を行き来する船舶をいう。日本の客船は外航クルーズをする時には船の資格を「外航資格」に変更する。これを「外変」という。⇔内航船

海洋汚染防止条約

船舶の航行や事故による海洋汚染を防止することを目的に、規制物質の投棄・排出の禁止、通報義務、手続きなどを規定するための国際条約とその議定書。MARPOL条約ともいう。

海上人命安全条約

SOLAS条約（International Convention for the Safety of Life at Sea）のこと。航海の安全を図るため、船舶の検査、証書の発給などの規程を設け、船舶の構造、設備、救命設備、貨物の積み下ろしに関する安全基準などを定めている。

カジノ
(Casino)

船内エンターテインメントのひとつ。日本籍船は公海上であっても日本の国内法が適用されるため、現金を賭けることが禁じられている。外国籍のクルーズ船（外国船）は、日本の領海（12海里＝約22.2km）を出るとカジノをオープンすることができる。

カボタージュ
(Cabotage)

国内輸送権。国内輸送は、当該国籍の船舶等でなければ実施できないとするもので、多くの国が自国企業の擁護策として採り入れている。
例えば、日本国内のみのクルーズは日本籍船だけに認められ、外国籍船は横浜から神戸など日本国内のみのクルーズはできない。貨物船や航空機も同様で、国内企業の擁護策になっている。

ガラ・パーティー
(Gala party)

特別なパーティー。クルーズ中に開かれる最も華やかで豪華なパーティーで、ディナーには最も豪華な料理が供される。船長主催のパーティーを指す場合もある。ドレスコードは「フォーマル」になることが多い。「ガラ」はお祭り、祝祭のこと。

キール運河
(Kiel Canal)

ドイツのユトランド半島付け根部分にある運河。正式名称は北海バルト海運河（Nord Ostsee Kanal）。全長98km。スエズ運河・パナマ運河と並び世界三大運河のひとつと呼ばれる。

喫水 (Draft)	船が水に浮く時、船体が水中に没している深さ。船の最下部から水面までの垂直の長さ。
キャビン (Cabin)	船室。主に客室のことをいう。キャビンの種類、グレードは面積、位置によって決まる。バルコニーや窓がある海側キャビン（Outside cabin）と、内側に位置し窓のない内側キャビン（Inside cabin）に大別される。
キャビン・アテンダント (Cabin Attendant)	客室担当の接客係。客室の清掃、ベッドメイキング、ルームサービスなどを担当する。キャビンクルー（Cabin Crew）ともいい、男性はキャビンスチュワード（Cabin Steward）、女性はキャビンスチュワーデス（Cabin Stewardess）とも呼ばれる。
キャプテン (Captain)	船長。コマンダー（Commander）、マスター（Master）ともいわれ、船の総指揮官、最高責任者である。船の運航部門の総指揮官であると同時に、船全体の最高責任者でもある。 船長主催のキャプテンズ・パーティー（Captain's party）ではメイン・ホストを務める。ウエルカム・パーティー（Welcome party）やフェアウェル・パーティー（Farewell party）はキャプテンの主催で開催される。
ギャレー (Galley)	船の調理室。船では火災を避けるために裸火を使用しないため、熱電導式の調理器具が用いられている。
ギャングウェイ (Gangway)	乗下船時に使われる取り付け式のタラップ。荷役チームをギャングと呼び、そのチームが通る、船と埠頭との間の通り道をギャングウェイといったことに由来する。舷門。
クルー (Crew)	下級船員。上級船員をオフィサーというが、オフィサーも含めて乗組員を総称してクルーと呼ぶこともある。
クルーズアドバイザー認定制度	クルーズアドバイザー認定委員会による、クルーズ旅行に関するスペシャリスト資格。クルーズ・コンサルタント（C.C.）とクルーズ・マスター（C.M.）の２段階で構成される。
クルーズ・カード (Cruise Card)	乗船証明カード。当該クルーズの乗船客であることを証明するカード。乗船時に発行される。身分証明書になるだけでなく、キャビンのカード・キーを兼ねていることが多い。寄港地では上陸時と帰船時に都度提示を求められ、セキュリティー確保の上でも非常に大切なカードである。
クルーズ・コンサルタント (Cruise Consultant)	クルーズアドバイザー認定制度の資格で、クルーズについての専門的な知識を持つと認定された者。受講資格は、総合旅行業務取扱管理者の有資格者、旅行業務従事者などと規定されている。
クルーズ・マスター (Cruise Master)	クルーズアドバイザー認定制度の資格で、クルーズについての高度な専門的知識・経験を持つと認定された者。クルーズ・コンサルタントの資格認定後３年を経過していること、５年以上のクルーズ旅行業務の実務経験があること、など受講資格は厳しい。
クルーズ・ディレクター (Cruise Director)	船内のイベント、エンターテインメントなどの企画、演出、運営の責任者。船内のエンターテインメント・プログラムを支えるクルーズならではの役職。 ステージ・イベントだけでなく、スポーツ関連などのアクティビティも統括する。

係船索	船を岸壁に係留させる際に使用するロープのこと。ホーサー（Hawser）。
係船柱	係船索を固縛するために用いる短柱。
国際海事機関（IMO）	船舶の安全および船舶からの海洋汚染防止など、海事問題に関する国際協力を促進するための国連の専門機関。International Maritime Organization（IMO）のこと。海難事故、テロなどを受けて、IMOの役割はますます重要になっている。日本は設立以来、理事国としてIMOの活動に貢献している。
国際信号旗	海上において船舶間の通信や陸上とのコミュニケーションに使用される旗。国際通信書によって世界的に統一されている。アルファベット旗、数字旗、回答旗などがある。複数の旗を組み合わせて使用する場合もある。
コンシェルジュ（Concierge）	船内のよろず相談スタッフ。ホテルのコンシェルジュと同様の職務を担う。
混乗船	2か国以上の国籍の船員が乗り組んでいる船舶のこと。日本船ではコスト削減のために混乗化が進んでいる。

サ 行

サステナブル・ツーリズム（Sustainable tourism）	「持続可能な観光」のこと。国連世界観光機関（UNWTO）は次のように定義している。「訪問客、業界、環境および訪問客を受け入れるコミュニティーのニーズに対応しつつ、現在および将来の経済、社会、環境への影響を十分に考慮する観光」・・地域の自然、環境、文化、生活、伝統などを守りながら、地域資源を持続的に保つことができるようにした上でなされる観光を指す。
シーティング（Seating）	客船のメイン・ダイニングではディナーの時間を2回に分けていることが多い。1回目を「ファースト・シーティング」、2回目を「セカンド・シーティング」と呼ぶ。メイン・ショーも食事の回数に合わせて2交替制にしていることが多い。
シーニック・クルーズ（Scenic cruise）	フィヨルドや氷河など、洋上からしか見られない景色の中を航海すること。
シニア・オフィサー（Senior Officer）	船長、機関長、ホテルマネージャーなど船の幹部のこと。
純トン（Net tonnage）	客船の場合、船全体のスペースのうち、乗船客が純粋に使用できるスペースをいう。総トン数から、機関室・倉庫・タンク・乗組員居室など乗船客が使用できないスペースを引き算したものである。
ショア・エクスカーション（Shore excursion）	寄港地での観光ツアー。オプショナルツアーが一般的。半日ツアー、昼食付き1日ツアー、ナイトツアーなど船社やチャータラーが企画実施する。次の寄港地まで数日かけて、航空機や列車、ホテルなどを利用して旅行するオーバーランドツアーなどもある。

ショア・ラダー (Shore ladder)	岸壁側にある乗下船用の舷梯（タラップ）のこと。潮汐差が大きい港では、本船のタラップでは高さに対応できないことがあり、岸壁側で用意しているショア・ラダーを使用することが多い。
スエズ運河 (Suez Canal)	紅海と地中海を結ぶ全長163kmの運河。パナマ運河、キール運河と並んで世界3大運河のひとつといわれる。1869年開通。
スエズマックス (Suezmax)	スエズ運河を満載状態で通航できる最大船型のこと。スエズ運河は閘門（ロック）を持たないので、重要な制限要素は喫水（15m）とスエズ運河橋（ムバラク平和大橋）の高さ（桁下高さ70m）である。
スターボード・サイド (Starboard side)	右舷（進行方向右側）のこと。かつて、バイキング船などでは右舷側に舵の板（Steer board）が付けられていた。Steer boardが転じてStarboardとなり、舵の板が付いている右舷側をStarboard sideというようになった。 右舷側には緑色の航行標示灯（舷灯）を点ける。世界共通で、航空機でも右舷側に緑色の航行標示灯を点ける。 ⇔ポート・サイド（Port side＝左舷）
スターン (Stern)	船尾、船の後部。「トモ」ともいう。同意語：アフト（Aft）⇔フォア（Fore）バウ（Bow）いずれも船首、船の前部。「オモテ」ともいう。
スターン・スラスター (Stern thruster)	船尾の水面下にある横方向の推進器。主に離着岸時に使用する。 水面下にあるため見ることはできないが、喫水線上に○に＋のマークで位置を確認できる。 Thrustには元々「押す」という意味があり、Thrusterで「押す物」という意味になる。ロケットでは、制御用推進エンジンをThrusterという。 船首部に設置されると、バウ・スラスター（Bow thruster）になる。
スタッフ・キャプテン (Staff Captain)	副船長。安全航海やセキュリティーの責任者。船によってはVice Captain、Deputy Captainと呼ぶこともある。
ステート・ルーム (State room)	客室のこと。元々は宮廷の国賓室を指す言葉。ベッド、洗面所、トイレなどが完備された高級個室、という意味から船室を指すようになった。
スペシャリティ・レストラン (Speciality Restaurant)	ダイニング・ルーム、カフェテリアなどとは別に設けられているレストラン。和食やイタリアンなどを専門店スタイルで提供している。別料金であることが多い。
セーフティ・ドリル (Safety drill)	→「ライフボート・ドリル」の項に記載
セイルアウェイ・パーティー (Sailaway Party)	出港時にプロムナードデッキなどで行われる出港パーティー。カジュアルなパーティーで、皆で賑やかに出港を祝うものである。
赤道祭	船が赤道を通過する際に船上で行われるお祭り。元々は船乗りの通過儀礼だったが、今では船ならではの楽しいイベントとなっている。 海神ポセイドン（ネプチューン）に赤道通過の許しを請う儀式。

船籍	船舶の国籍のこと。船舶は、法的には擬人的な取り扱いを受けており、名称・国籍・船籍港（人の住所に類する）を有する。 船舶の国籍は、国際法、国際私法、行政法の上で重要な意義を持つ。公海上にある船舶にはその属する国の法令が適用され、その国の裁判権に服する。外国の領海では船尾に船籍国の国旗を掲げることになっている。
総トン (Gross tonnage)	船の大きさを表す単位。重さを表す単位ではなく、船全体の大きさ（容積）を示すものである。略して、GT などと表記される。
SOLAS 条約	→「海上人命安全条約」の項に記載

タ 行

タグボート (Tug boat)	曳船。大型船の離着岸時に押したり曳いたりすることで、大型船を移動させたり方向を変えさせたりする。
チーフ・エンジニア (Chief Engineer)	機関長。エンジン、発電機などの運転や整備に関わる機関士、操機手を指揮監督する。
チーフ・パーサー (Chief Purser)	事務長と呼ばれるが、客船のサービス部門のトップ（船によってはナンバー２）。事務、接客、CIQ 手続きなど広い職務範囲を統括する。
チャート (Chart)	海図のこと。近年、航海用電子海図（Electronic Navigation Chart=ENC）の使用が増えている。ENC は政府公認の電子海図で、紙の海図と同じ内容である。
チョッサー (Chief Officer)	チーフオフィサー（Chief Officer ＝首席航海士）の略。
通船（つうせん）	船が直接港に接岸できない場合に、本船と陸上を結ぶ小型船。 小型船による往来サービスのことを通船サービスという。通船サービスには、本船搭載のテンダー・ボートを使用したり、地元のボートを使用したりする。また、その双方を使用するケースもある。
テンダー・ボート (Tender boat)	船が直接港に接岸できない場合に、本船と陸上を結ぶ小型船。 本船に搭載されているボートのこと。「テンダー」と略したりする。 緊急時には救命艇として使用される。
デッキ (Deck)	甲板。客船では船の階数を指し、７デッキ（７階）などという。 船によってデッキ名は一定ではないが、各デッキには名称が付けられていることが多い。レセプションがある「メイン・デッキ」、屋根付きで雨天時でも散歩ができる「プロムナード・デッキ」、屋外プールがある「リド・デッキ」、屋上は「スカイ・デッキ」など。
デッキ・プラン (Deck plan)	船内の平面見取り図のこと。各階（デッキ）に、どこにどんな施設、客室が配置されているかを示す。
トライデント (Trident)	Tri は３つ、dent は歯を指す。三本歯の槍のことで海神ポセイドン（ネプチューン）のシンボル。「トライデント・バー」や「トライデント・カフェ」の如く、客船では施設の名称として海神にちなんだ「トライデント」を用いることが多い。 ちなみに、ロイヤル・カリビアンの船のファンネル・マークもトライデントをモチーフにしているといわれる。

ドラフト
(Draft)

→「喫水」の項に記載

ドレス・コード
(Dress code)

夕方から就寝までの、船内ナイトライフの服装基準のこと。船によって呼び方は異なるが、ラフな方から「カジュアル」～「インフォーマル」～「フォーマル」のように3段階に分けている船が多い。

ナ 行

内航船

関税法上の「国内沿岸運航船舶」の俗称。外航船以外の船舶をいい、通常日本国籍船だけを指す。日本の客船は外航クルーズから帰国し、内航クルーズを実施する時には船の資格を「内航資格」に変更する。これを「内変」という。⇔外航船

ノット
(Knot)

船の速度を表す単位。1ノットは1時間に1海里航行する速さを言う。1海里（Nautical mile）は、1,852m。例えば、時速20ノットをkmに換算すると、20 × 1.852=37.04km/h　である。

ハ 行

パーサー
(Purser)

事務員と訳されるが、職務範囲は広い。チーフ・パーサーはその長。
パーサーの元々の意味は、Purse（財布）を預かる人。現在の船のパーサーは、金銭管理だけでなく、接客、CIQ手続き、船内新聞の発行、船客関連の各種サービスなど多くの業務を担っている。
業務の内容やランクによって、ファースト・パーサー、セカンド・パーサー、アシスタント・パーサーなどに分かれる。

バース
(Berth)

船の停泊地をいう。桟橋・埠頭・波止場など。客室のベッドもバースという。

パイロット
(Pilot)

水先案内人（水先人）。運航が制限される水域や強制水先区域では船長の助言者という立場で操船に対するアドバイスを行う。各海域、港湾には専門の水先人が常駐して安全航海を支えている。船長経験者など長いキャリアを持つ人が多い。航空機のパイロット（機長）はこれに由来する。

バウ・スラスター
(Bow thruster)

船首の水面下にある横方向の推進器。主に離着岸時に使用する。
水面下にあるため見ることはできないが、喫水線上に○に＋のマークで位置を確認できる。
Thrustは元々「押す」という意味があり、Thrusterで「押す物」という意味になる。ロケットでは、制御用推進エンジンをいう。
船尾部に設置されると、スターン・スラスター（Stern thruster）になる。

バスボーイ
(Bus boy)

アシスタント・ウエイター。ウエイターの助手、補佐役。

バトラー・サービス
(Butler service)

バトラーは執事のこと。バトラーが付き、身の回りの世話をする上級サービスのこと。

パナマ運河 (Panama Canal)	太平洋と大西洋（カリブ海）を結ぶ、全長約 80Km の運河。スエズ運河、キール運河と並び、世界三大運河の一つと称される。 26m の高低差を 3 つの閘門（ロック）で解消している。
パナマックス (Panamax)	パナマ運河を通過できる最大船型のこと。2016 年にパナマ運河の拡張工事が終わり、新パナマックスは全長 366m、全幅 49m、喫水 15.2m。
バルバス・バウ (Bulbous bow)	船首の水面下にある球状の突起物で、波の抵抗を軽減する。 Bulb は「球根」という意味で、Bulbous で「球根状の」という意味になる。
ピッチング (Pitching)	船の縦揺れのこと。船が長くなればなるほど縦揺れは小さくなる。 ⇔ローリング（横揺れ）
ビット (Bitt)	係船索（ロープ）を固縛するために用いる短柱。係船柱。
ビルジ (Bilge)	船底の湾曲部のこと。また、船底に溜まった汚水やあかを指す。船外への排出には厳しい規制がある。
ファンネル (Funnel)	船の煙突のこと。船の煙突には船会社のマーク（ファンネル・マーク）が描かれる。
ファンネル・マーク (Funnel mark)	船の煙突（ファンネル）に描かれる船会社のマークのこと。航空機の垂直尾翼に描かれるマークに当たる。ロゴマークや文字を描いたり、色を塗ったりして、遠くからでも船会社が分かるようにしている。
フィヨルド (Fiord)	氷河谷（氷河によって浸食された U 字谷）が沈水し、海水が陸地の奥深くまで浸入してできた狭く深い湾、入江のこと。フィヨルド・クルーズは人気が高い。代表的なフィヨルド・クルーズのエリアとしては、ニュージーランド（ミルフォード・サウンドなど）、アラスカ（インサイド・パッセージなど）、ノルウェー（ソグネ・フィヨルドなど）、南米大陸（パタゴニアなど）などがある。
フィン・スタビライザー (Fin stabilizer)	船の横揺れ防止装置。船体中央付近の水面下に左右一対ある、魚の胸ヒレのような小さな翼。コンピュータ制御により横揺れを最小化する装置で、船体に収納可能。ほとんどのクルーズ船に装備されており、船酔い軽減に役立っている。 Stabilizer には「安定させる物」という意味がある。
フェアウエル・パーティー (Farewell party)	下船前夜、前々夜などに開催されるお別れパーティーのこと。
フェンダー (Fender)	接岸の際の衝撃をやわらげ、船を傷つけないために使用する緩衝物。 防舷材。
フォア (Fore)	船首、船の前部。「オモテ」ともいう。同意語：バウ（Bow）⇔アフト（Aft）、スターン（Stern）。いずれも船尾、船の後部。「トモ」ともいう。
フライ&クルーズ (Fly & Cruise)	飛行機での移動とクルーズを組み合わせた旅行のこと。海外で外国船に乗船する場合や、海外ロングクルーズ中の日本船に乗船する場合などがある。また、日本国内でも、乗下船する港の近くまで飛行機を利用するツアーなどがある。

フリート (Fleet)	船隊、船団。数隻の船で構成された一団のことをいう。クルーズでは、一つの運航会社が運航するクルーズ船の一団のことをいう。(配下船)
ブリッジ (Bridge)	船の操舵室のこと。船橋ともいう。操舵室が左右に細長く、橋のように見えることから、「船橋」と呼ばれるようになったといわれる。
ブリッジ・ツアー (Bridge tour)	船の操舵室を見学するツアー。通常は立入禁止になっている操舵室を見られることで人気があるが、セキュリティー上のことがあり実施しない船も多い。
便宜置籍船	船籍を税金の安い国（バハマ、パナマなど）に便宜上置いて運航する船舶。外国のクルーズ船は日本国内のみのクルーズは実施できないため、日本のクルーズ船は船籍を日本に置いている。
防舷材	接岸の際の衝撃をやわらげ、船を傷つけないために使用する緩衝物。フェンダー（Fender）ともいう。古タイヤを防舷材として使用することもある。
ホーサー (Hawser)	大綱。船と岸壁とをつないだり、船とタグボートとをつなぐ際に使用する太いロープのこと。
ポート・サイド (Port side)	左舷（進行方向左側）のこと。かつて、バイキング船などでは右舷側に舵の板（Steer board）が付けられていたため、右舷側での接岸ができなかった。左舷側が常に港側になったため、Port side と呼ばれるようになった。 左舷側には赤色の航行標示灯（舷灯）を点ける。世界共通で、航空機でも左舷側に赤色の航行標示灯を点ける。 ⇔スターボード・サイド（Starboard side ＝右舷）
ボート・ステーション (Boat station)	非常時の集合場所。客室番号によってボート・ステーションは指定されている。非常時にはまずこのボート・ステーションに集合し、点呼を受けた後で乗組員の指示で避難することになる。 ライフボート・ドリル（非常時の避難訓練）の際も、ボート・ステーションに集合することが多い。
ポート・チャージ (Port charge)	船の入出港に要する費用で、入港料・岸壁使用料・水先料・曳船料（タグボート使用料)・ボーディングブリッジ使用料・綱取放し料などがある。日本船では通常クルーズ代金に含まれているが、外国船では別立てになっている場合が多い。 料金は、船の大きさや停泊時間などによって港ごとに定められている。
ボート・ドリル (Boat drill)	ライフボート・ドリル（Life boat drill）のこと。非常時の緊急避難訓練。
ポート・ホール (Port hole)	船の丸い窓のこと。舷窓。かつては、砲門や銃眼のこともポート・ホールと言った。
ポセイドン (Poseidon)	ギリシャ神話に登場する海神。ローマ神話では「ネプチューン」と言う。シンボルがトライデント（三本歯の槍）であることから、クルーズ船では「トライデント・バー」や「トライデント・カフェ」などポセイドンにちなんだ名称が付いている施設が多い。

ポッド（POD）推進装置	ポッド（POD）とは、豆のサヤや虫の繭のような形状をした容器のこと。ポッド推進装置とは、電気モーターとプロペラを1体に組み込んだ繭のような形をした推進器のことである。ポッドは360度回転させることができ、舵の役割も果たす。
ホテル・ディレクター (Hotel Director)	クルーズ船のサービス部門（ホテル部門という）の総責任者。船によっては、ホテルマネージャーということもある。陸上のホテルの総支配人と同じような役割を果たす。
ボラード (Bollard)	係船索を固縛するために用いる短柱。係船柱。
ポンツーン (Pontoon)	浮桟橋。箱型の自航能力の無い平底ボートのこともポンツーンという。浮箱ということもある。クレーンなどの台船として使用されたり、潮汐差の大きな港で浮き桟橋として使用されたりする。

マ 行

マスターステーション (Muster station)	非常時の集合場所のこと。ボート・ステーションともいう。「Muster」には「点呼・招集」の意がある。
マル・シップ (Maru Ship)	日本籍船で外国人船員が配乗されている船舶のこと。通常は、日本籍船を裸用船に出し（乗組員が付かない状態で船舶のみを貸し出すこと）、外国の用船社が外国人乗組員を配乗する。日本籍船に「～丸」という船が多いことからマル・シップと呼ばれる。
メイトル・ディー (Maitre D')	給仕長のことで、正式にはメイトル・ドテル（Maitre d'hotel）という。船によっては、レストラン・マネージャー（Restaurant Manager）ということもある。食事や食事サービスの責任者。食事に関するお客様の相談、要望などの窓口でもある。シーティングなどの希望はメイトル・ディーに申し出ることになる。
モーター・シップ (Motor ship)	内燃機船（ディーゼルエンジンなど内燃機関によって推進する船）。 MSもしくはM/Sと略され船名の前に表示する。MVやM/V（Motor vesselの略）と表示されることもある。 蒸気船はSS（Steam ship）、帆船はSV（Sailing vessel）と表示される。

ラ 行

ライフ・ジャケット (Life jacket)	救命胴衣。各キャビン（客室）に人数分備えられているほか、救命艇内やボート・ステーション（非常時の集合場所）など船内各所に備えられている。
ライフボート・ドリル (Life boat drill)	非常時の避難訓練。略して、「ボート・ドリル」、あるいは、単に「ドリル」という場合もある。セーフティ・ドリル。

ライフ・ラフト
(Life raft)

救命いかだ。船舶の遭難時に使用するゴムやナイロン製のいかだのこと。膨張式のいかだは、通常はカプセル状のコンテナに詰められているが、非常時に海面に投下するとガス膨張していかだになる。ラフトには非常用の水や食料などが積まれている。

ライン・ハンドリング
(Line handling)

係船索（離着岸の際に船と岸壁をつなぐロープのこと）を取ったり、取り外したりする作業のこと。

ラット・ガード
(Rat guard)

接岸中にネズミが係船索（ロープ）をつたって船内に侵入することを防ぐために設置する円盤状の金属製器具。いわゆる「ネズミ返し」。
係船索（ロープ）に挟んで使用するため切れ目が入っている。

ランド・ツアー
(Land tour)

オーバーランド・ツアー（Overland tour）のこと。寄港地から出発し、別の港で船に戻るまで飛行機やホテルなどを利用して実施するツアー。

リド
(Lido)

リド（Lido）は、「海岸（湖岸）の保養地」を意味する。屋外プールもリドという。クルーズ船ではプールを海岸（ビーチ）や湖に見立てて、プールのあるデッキを「リド・デッキ」と名付けている船が多い。プールサイドのカフェやレストランを「リド・カフェ」と名付けている船も多い。「リド」と名付けられた施設の近くにはプールがあると思ってほぼ間違いない。

レセプション
(Reception)

ホテルのフロントに相当する。お客様からの各種相談や要望に対応する。

ログブック
(Logbook)

航海日誌のこと。「ログ」ともいう。航海のデータを毎日記録する。

ローリング
(Rolling)

船の横揺れのこと。多くのクルーズ船にはフィン・スタビライザーという横揺れ防止装置が備えられており、横揺れは大きく軽減されている。
⇔ピッチング（縦揺れ）

ワ 行

ワイン・スチュワード
(Wine steward)

ワイン係り。ソムリエのことだが、クルーズ船では、通常、ワイン・スチュワードという。

【索　引】

【欧文】（和欧混合を含む）

【あ行】

【か行】

【さ行】

編著者紹介

一般財団法人みなと総合研究財団（略称：みなと総研）
Waterfront Vitalization and Environment Research Foundation
（略称：WAVE）

「みなと総研」は、社会が大きく変わりパラダイム転換が求められている今日、時代のニーズに的確に対応し、みなとに関する総合的な調査研究を通じて、わが国の未来を拓いていきます。また、みなとを中心とした多様な活動主体を支援するとともに、得られた成果や情報を広く社会に発信していきます。

クルーズ総合研究所（略称：クルーズ総研）
JAPAN Cruise Research Institute

クルーズ総研は、港湾と海事の両方の視点から、港と船、ハードとソフトの連携を重視したクルーズ振興の具体的ノウハウを保有し、コンサルティング、人材育成、技術指導、国際連携等を体系立てて実施するわが国で唯一の組織です。

クルーズポート読本【2024年版】

定価はカバーに表示してあります。

2023年11月18日　初版発行

編著者　一般財団法人みなと総合研究財団
　　　　クルーズ総合研究所

発行者　小川 啓人
印　刷　株式会社 丸井工文社
製　本　東京美術紙工協業組合

発行所 株式会社 成山堂書店

〒160-0012　東京都新宿区南元町4番51　成山堂ビル
TEL：03(3357)5861　FAX：03(3357)5867
URL：https://www.seizando.co.jp
落丁・乱丁本はお取り換えいたしますので、小社営業チーム宛にお送りください。

Printed in Japan　ISBN978-4-425-39492-0

成山堂書店の「みなと」関係書籍

「みなと」のインフラ学
ー PORT2030 の実現に向けた処方箋ー

山縣宣彦・加藤一誠　編著
Ａ５判　256 頁
定価 3,300 円（税込）

わが国経済・社会の発展および国民生活の質の向上のために港湾が果たすべき役割や、今後特に推進すべき港湾政策の方向性をとりまとめた港湾の中長期政策「PORT2030」。本書は、この PORT2030 を具現化に向けて、港湾と空港に係る国土交通省の政策担当者と研究者からなる「港湾・空港領域の政策課題検討の官学交流プラットフォーム」研究会のさまざまな提言を一冊にまとめた関係者必読の書。

「空のみなと」のインフラ学
ー未来の空港・航空システムを語るー

山縣宣彦・轟 朝幸・加藤一誠　編著
A５判　328 頁
定価 3,520 円（税込）

チャレンジ精神をもって新たな取組みを行っている空港・航空会社、建設会社、コンサルタント、学識経験者、国や地方公共団体の空港担当者が、それぞれの立場と視点から、空港や航空の現場で行っているさまざまな事例・取組みを紹介、未来の空港・航空システムの構築のための話題を提供する。

クルーズポート読本【2024 年版】

一般財団法人　みなと総合研究財団　クルーズ総合研究所　編著
Ｂ５判　160 頁
定価 3,080 円（税込）

わが国港湾のクルーズ船の寄港数増加とそれによる地域の振興・活性化をめざすために知っておくべき内容を図や写真を用いながらわかりやすく整理・解説したテキスト。クルーズ船の歴史、概要など基礎的な情報から、誘致や受入環境整備のあり方まで解説する。
クルーズ船の誘致に関わる港湾関係者はもちろん、クルーズ産業に携わる方がたの参考書として最適な一冊。